insel taschenbuch 5001

Die schönsten Weihnachtsgeschichten für Kinder

Zauberhafte Weihnachten – jedes Jahr aufs Neue beglückt uns das Fest der Liebe. Es ist eine aufregende, unvergleichliche Zeit der gespannten Erwartung, der Ungeduld und Sehnsucht – vor allem für Kinder.

Der Wunschzettel ist geschrieben, der Adventskalender gefüllt, die Vorbereitungen laufen auf Hochtouren, mit allem, was dazugehört. Vom Tannenbaum über den Nikolausstiefel und das Aufstellen der Krippe, von Plätzchenduft und Kerzenschein bis hin zu heimlichen Geschenkbesorgungen und überraschenden Gästen.

Von der schönsten Zeit des Jahres erzählen die hier versammelten Geschichten und Gedichte und verkürzen die Wartezeit bis zum Fest – für die ganze Familie. Mit Texten von Isabel Abedi, Hans Fallada, Cornelia Funke, Paul Maar, René Goscinny, Jutta Richter, Heinz Janisch, Jörg Zink, Andreas Steinhöfel, Regina Schwarz, Barbara Veit, Friedrich Wolf, Louisa May Alcott, Erich Kästner, Theodor Fontane, Antonie Schneider und vielen anderen.

Christiane Schwabbaur ist freie Lektorin und Autorin. Sie lebt mit ihrer Familie in München.

Die schönsten Weihnachtsgeschichten für Kinder

Herausgegeben von Christiane Schwabbaur

Insel Verlag

Klimaneutral
Druckprodukt
ClimatePartner.com/14438-2110-1001

Erste Auflage 2023
insel taschenbuch 5001
Originalausgabe

Quellennachweise am Schluss des Bandes
Umschlaggestaltung: zero-media.net, München
Umschlagillustration: Jelena Markovic/Stocksy
Satz: Satz-Offizin Hümmer GmbH, Waldbüttelbrunn
Druck: CPI books GmbH, Leck
Printed in Germany
ISBN 978-3-458-68301-8

www.insel-verlag.de

Inhalt

Erwin Grosche

Schnee, Schnee, Schnee

Schnee, Schnee, Schnee,
fallen tut nicht weh.
Gut, dass es zur Weihnachtszeit
keine Elefanten schneit!
Schnee, Schnee, Schnee,
fallen tut nicht weh.

Eis, Eis, Eis,
macht die Welt so weiß.
Grade mit Schlagsahne drauf
gibt's im Winterschlussverkauf
Eis, Eis, Eis,
macht die Welt so weiß.

Kling, kling, kling,
kleines Glöckchen sing!
Dass der taube Weihnachtsmann
die Geschenke bringen kann.
Kling, kling, kling,
kleines Glöckchen sing!

Ja, ja, ja,
Weihnachten ist da!
Ich war brav das ganze Jahr – nur nicht so im Januar,
Ich war brav das ganze Jahr – nur nicht so im Februar.
Ich war brav das ganze Jahr – nur nicht so im März, ein Scherz!
Ja, ja, ja, Weihnachten ist da!

Schnee, Schnee, Schnee,
fallen tut nicht weh.
Gut, dass es zur Weihnachtszeit
keine Elefanten schneit!
Schnee, Schnee, Schnee,
fallen tut nicht weh.

Robert Walser
Die kleine Schneelandschaft

Gestern haben wir Schnee bekommen, und heute in der Morgenfrühe ging ich hinaus zur sorgsamen und ruhigen Besichtigung der Schneelandschaft. Niedlich, wie ein artiges Kätzchen, das sich geputzt hat, liegt jetzt das reiche, liebliche Land da. Jedes Kind, sollte ich meinen, kann die Schönheit einer Schneelandschaft im Herzen verstehen, das feine saubere Weiß ist so leicht verständlich, ist so kindlich. Etwas Engelhaftes liegt jetzt über der Erde, und eine süße, reizvolle Unschuld liegt weißlich und grünlich ausgebreitet da. Ich freute mich über meine Aufgabe, über das Amt, über die angenehme Pflicht, die mir vorschrieb, sorgfältig und aufmerksam Notiz vom Schnee und seinen Reizen zu nehmen. Wunderbare Feinheit und Schönheit lag darin, daß das Gras so artig und mit so zarten Spitzen aus der Schneefläche herausschaute. Ich ging wieder zu meinem alten unverwüstlichen, gütigen Zauberer, zum Wald, und zum Wald wie im Traum wieder hinaus, und da lag es da, das Kinderland in seiner Kinderfarbe. Die Bäumchen und Bäume schienen einen graziösen Tanz auf dem weißen Felde aufzuführen, und die Häuser hatten weiße Mützen, Kappen, Kopfbedeckungen oder Dächer. Es sah so appetitlich, so lockig, so lustig und so lieb aus, ganz wie das zarte, süße Kunstwerk eines geschickten Zuckerbäckers. Noch ein Morgenlicht leuchtete in einem Fenster, und ein anmutig Haus stand in einiger Entfernung, das hatte Fenster wie Augen, welche fröhlich und listig blinzelten. Das Haus war wie ein Gesicht, und die fünf grünen Fenster waren wie seine Augen.

Geh doch hin, lieber Leser, noch steht das zauberische Landbild da, mit Schnee auf seinem lieblichen Antlitz. Man darf nur nie zu träge sein und sich vor ein paar hundert Schritten nicht fürchten, zeitig aus dem Faulenzerbett aufstehen, sich auf die Glieder stellen und nur ein wenig hinauswandern, so sieht sich das Auge satt, und das freiheitsbedürftige Herz kann aufatmen. Geh hin zu der artigen Schneelandschaft, welche dich wie mit einem schönen freundschaftlichen Munde anlächelt. Lächle auch du sie an und grüße sie von mir.

Cornelia Funke

Das erste Fenster

Julia konnte nicht einschlafen.

Zum Abendessen war sie nicht runtergegangen und auch nicht zum Waschen. Nicht mal zum Fernsehen. Sie war wütend, enttäuscht und beleidigt. Sie hatte ihre Zimmertür abgeschlossen – mit dem Schlüssel, den sie für Notfälle hinter ihren Büchern versteckt hatte. Und dann hatte sie das Licht ausgemacht, sich aufs Fensterbrett gesetzt und hinausgestarrt auf die wirbelnden Flocken, den schwarzgrauen Himmel und die kahlen, schwarzen Bäume. Und sich vor Wut fast ein Loch in den Bauch geärgert. Als Mama sie zum Abendessen holen wollte, gab sie einfach keine Antwort. Und als Papa hochkam und sagte, sie solle jetzt, verdammt noch mal, rauskommen, sagte sie nur laut: »Ich will aber nicht!«

Ihre Eltern klopften noch zweimal. Sogar Olli kam und bot ihr die Schokolade aus einem seiner Türchen an. Wie großzügig! Aber sie schloss nicht auf. Schließlich ließen sie sie in Ruhe.

Und jetzt lag sie im Bett, starrte die Decke an und konnte nicht einschlafen. So ein Mist.

Im Haus rührte sich nichts mehr. Sogar ihre Eltern waren schon schlafen gegangen.

Julia setzte sich auf. Keiner würde merken, wenn sie sich den Adventskalender doch mal ansehen würde: Das war immer noch interessanter, als nur hier rumzuliegen und Löcher in die Decke zu starren.

Vorsichtig schob sie die Beine aus dem Bett. Brrr. Fast hätte sie sie gleich wieder zurückgezogen. Es war lausig kalt. Hastig schlüpfte sie in ihre Pantoffeln und zog sich den Morgenmantel an. Hellblau. Sie hatte einen roten gewollt. Aber Mama fand Blau hübscher. Na ja.

Leise, ganz leise schlich sie zur Tür. Der Holzboden knarrte etwas, und direkt unter ihrem Zimmer schliefen ihre Eltern. Vorsichtig drehte sie den Schlüssel im Schloss herum.

Besser, sie machte kein Licht an im Flur. Also im Dunkeln die Treppe hinunter und über den schmalen Flur zur Küchentür. Zum Glück stand sie offen.

In der Küche war es stockdunkel. Julia tastete mit den Fingern über den Küchentisch, bis sie plötzlich die Pappe des Kalenders fühlte. Sie klemmte sich das Ding unter den Arm und schlich genauso lautlos zurück, wie sie gekommen war. Sie schloss die Tür wieder hinter sich zu und knipste die kleine Lampe neben ihrem Bett an. Dann kroch sie schnell samt Morgenmantel unter ihre Decke.

Ein bisschen aufgeregt war sie nun doch, und ein ganz kleines bisschen neugierig. Sie zog die Knie an und lehnte den Adventskalender dagegen. Dann begann sie ihn zu betrachten. Misstrauisch. Mit grimmiger Miene.

Das eine stand schon mal fest. Er war groß. Viel größer als ein Schokoladenkalender.

Julia zog eine Hand unter der warmen Decke hervor und fuhr mit den Fingern über den silbernen Glitzerstaub, der überall auf dem Kalender war. Im Himmel, auf den Bäumen und auf dem Haus. Er glitzerte und schimmerte wie silberner Schnee. Schön!, dachte Julia – und ärgerte sich darüber. Sie betrachtete das Haus. Es war schmal und hoch – so hoch, dass die kahlen Bäume drum herum gerade bis zur zweiten Fensterreihe reichten. Das Dach war sehr spitz und dunkelrot, mit großen Schornsteinen. Das Haus sah nett aus, aber auch ein bisschen traurig. Es sieht aus, als ob es friert, dachte Julia. Dreiundzwanzig Fenster hatte es und eine hohe dunkelblaue Tür.

Julia zählte acht Stockwerke.

Pah, solche Häuser gibt es überhaupt nicht, dachte sie, nirgendwo.

Auf jedem der geschlossenen Fenster war eine Zahl, groß und golden. Und auf der Tür prangte die 24. Die 1 war ganz oben – unter dem Dach. Bei Schokoladenkalendern waren die Zahlen ganz durcheinander. Aber bei diesem waren sie genau in der richtigen Reihenfolge.

Julia holte wieder ihre Finger unter der Decke hervor und fuhr damit über die Fensterrahmen. Sie hatte fast schon vergessen, dass sie den Kalender nicht leiden mochte.

So langsam begann sie eine Frage brennend zu interessieren: Was war hinter den dunklen Fenstern? Vielleicht die Bewohner von diesem komischen Haus? Sie ließ ihre kalten Finger wieder unter der Decke verschwinden und starrte von einem Fenster zum anderen. Was war dahinter?

Na, was schon, dachte sie, irgendwelche blöden Bilder!

Aber welche?

Bei einem Schokoladenkalender wusste man immer ungefähr, was hinter den Türchen war. Die Bilder waren ja nie besonders aufregend. Aufregend war nur die Schokolade. Obwohl sie immer ziemlich muffig schmeckte. Aber hier ... Was war bloß hinter den Fenstern? *Wer* war hinter den Fenstern?

Julia schob ihr Gesicht ganz nah an den Kalender heran, bis ihre Nase an die Pappe stieß. Und dann versuchte sie, in das Fenster mit der 1 zu schielen. Ging natürlich nicht.

Ärgerlich richtete Julia sich auf. So ein Blödsinn.

Sie tat ja so, als ob das ein wirkliches Haus wäre. Aber es war nur ein Pappkalender – nicht mal dick genug für Schokoladentäfelchen, geschweige denn für Zimmer.

Hm. Was war bloß auf den Bildern hinter den Fenstern? Eins könnte sie doch wenigstens mal aufmachen. Nur ein Stückchen, einen Spaltbreit – damit sie es nach dem Hineinschielen gut wieder zubekam.

Julia sah auf ihren großen Wecker. Na bitte. Es war schon nach Mitternacht, also war jetzt der erste Dezember.

Wieder wanderten ihre Hände von der Wärme in die Kälte. Nervös machte sie sich an dem Fenster mit der 1 zu schaffen. Den Fingernagel unter die Ecke, ein Griff mit dem Daumen – und das Fenster klappte auf.

Julia blickte in eine düstere Rumpelkammer. Ein paar Kartons, eine alte Badewanne mit Klauenfüßen, ein verschnürter Sack, jede Menge Gerümpel. Und an einem klapprigen Kleiderständer hing ein riesiger, schwarzer Mantel. Das war alles.

Julia starrte das Bild ungläubig an.

Der blöde Kalender hatte sie hereingelegt! Sie neugierig gemacht, ganz zappelig vor Neugier – und dann das. Sie hatte von Anfang an Recht gehabt. Es war ein blöder, langweiliger Schwachsinnskalender. Dachten die, die solche Kalender machten, etwa, Kinder fänden so was gut? Bilder von rumpeligen Dachböden statt Schokolade? Ärgerlich drückte Julia das Fenster wieder zu.

Ich werde ihn wieder in die Küche legen, dachte sie. Und morgen mach ich die 1 noch mal auf, und Mama wird sehen, was sie mir da gekauft hat. Sie schwang die Beine aus dem Bett, und der Kalender rutschte zu Boden.

Wie er glitzerte! Als wären tausend Sterne auf ihren Teppich gefallen. Und das Haus sah so geheimnisvoll und traurig aus. Und die 23 Fenster schienen alle etwas Wunderbares zu verbergen.

Julia zögerte. Dann stand sie auf, stellte einen Stuhl neben ihr Bett und lehnte den Kalender gegen die Stuhllehne. Danach kroch sie zurück unter die Decke und knipste das Licht aus.

Der Kalender funkelte und blitzte in der Dunkelheit. Na ja, dachte Julia müde, seine Bilder taugen nichts, aber glitzern tut er wirklich wunderschön. Und dann schlief sie endlich ein.

Hans Fallada
Lieber Hoppelpoppel – wo bist du?

Es war einmal ein kleiner Junge, der hieß Thomas. Dem hatten seine Großeltern zum ersten Weihnachtsfest einen kleinen Hund aus schwarzem Plüsch geschenkt, mit Hängeohren und frechen braunen Augen, eine Art Dackeltier, aber auf Rädern. Und da die Achsen dieser Räder nicht im Mittelpunkt saßen, sondern seitlich, hoppelte und wogte das schwarze Stoffgeschöpf auf und nieder, als haste es wild und über alle Kraft imaginären Hasen nach. Darum taufte der Vater den Hund »Hoppelpoppel«, und als Thomas etwas älter geworden war und sprechen konnte, genehmigte auch er diesen Namen. Er liebte den Hund sehr, immer musste er bei ihm sein, auch im Schlaf durfte er ihn nicht verlassen, und er wachte sehr genau darüber, dass die Eltern nicht nur ihrem Sohn, sondern auch dem Hoppelpoppel gute Nacht sagten. Es war eben eine richtige Liebe.

Nun geschah es, dass Toms Eltern an einen neuen Wohnsitz verzogen, weit, weit weg. Der kleine Thomas blieb während der Umzugstage bei der guten Tante »Kunjä«, und mit ihm natürlich Hoppelpoppel – wie hätte Tom sonst bei Tante Kunjä schlafen können? Nach einer Weile war es dann so weit: Tante Kunjä fuhr mit Tom und dem Hund nach dem neuen Häuserchen. Auf dem Bahnhof erwartete sie der Vater, und der kleine Tom war so selig und verlegen über dies Wiedersehen, dass er schnurstracks seinen Kopf durch des Vaters Beine steckte und so den abfahrenden Zug betrachtete.

Dann gingen die drei Hand in Hand durch den Wald zur

Mummi ins neue Häuserchen, und da kam plötzlich ein Augenblick, da Tante Kunjä angedonnert stehen blieb: »O Gott, habe ich nun doch den Hoppelpoppel in der Bahn liegengelassen!«

Der Vater machte rasch eine Kopfbewegung und sagte: »Still! Still! Hier hat der ›Herr‹ so viel neue Eindrücke, dass er ›ihn‹ einfach vergisst.«

Tom sagte noch gar nichts. Er marschierte stramm auf seinen Beinchen zwischen den beiden Großen und sah die herrlich hohen Bäume mit den Piksenadeln an. Dann kam ein Zwinger mit einem Hund, und nun stand die Mummi unten auf einer Treppe und hielt die Arme weit auf. Sie gingen durch eine große Tür auf einen weiten Balkon, und plötzlich war da unten ein langes, langes Wasser, und ein Dampfer kam um die Waldecke und ein Kahn, zwei Kähne, viele Kähne ...

Es wurde Abend, und der kleine Junge musste ins Bett. Er war müde und selig aufgeregt, aber als ihn die Mutter über die Bettleiter hob, sagte er: »Hoppelpoppel!«

Der Vater sagte ernst: »Hoppelpoppel fährt mit der Puffbahn, Thomas. Hoppelpoppel kommt morgen.«

Das Kind sah seine Eltern fragend an, erst sagte es nichts, als aber dann das Licht ausgemacht wurde, bat es wieder, dringend: »Hoppelpoppel!«

»Thomas muss jetzt schlafen«, sagte die Mutter streng und machte die Tür von außen zu. Die Eltern standen atemlos und lauschten. Nein, kein Gebrüll, kein Weinen, sondern Stille. – »Er wird sich beruhigen«, sagte Mummi. »Aber besser ist doch, du gehst morgen zur Bahn und machst eine Verlustanzeige.«

»Schön«, sagte der Mann. »Obgleich es keinen Zweck hat. Denn der Zug fährt weiter nach Polen, und die werden uns grade einen Hoppelpoppel zurückschicken!«

Am nächsten Morgen machte der Vater seine Verlustanzeige, dann kam der Nachmittagsschlaf – aber nein, es kam kein Nachmittagsschlaf.

»Hoppelpoppel!«

»Hoppelpoppel kommt bald.«

»Nun! Gleich!!«

»Thomas muss schlafen!«

Gebrüll, Wut, Trostlosigkeit, Jammer, nur kein Schlaf. Und am Abend dasselbe. Das neue Häuserchen und das viele Wasser und der Garten und der Hund im Zwinger und die vielen Dampfer – alles nichts! Hoppelpoppel, lieber Hoppelpoppel – wo bist du? Hoppelpoppel, ein alberner, schwarzer Stoffhund, war eine finstere Wolke am Himmel, nach drei Tagen überhing sie alles!

»Also ich fahre morgen nach Berlin und kaufe einen neuen Hoppelpoppel«, sagte der Vater zur Mummi.

»Vielleicht kriegst du solch einen gar nicht?«

»Soll das, bitte, hier so weitergehen?!«

Der Vater fuhr also, und schließlich fand er auch seinen Stoffhund, er fand genau den Hoppelpoppel. Er war lange umhergelaufen, er hatte viel Fahrgeld ausgegeben, aber: Heute Nacht wird Tom endlich wieder ruhig schlafen.

Der Vater war so glücklich über den kleinen Hund, am liebsten hätte er aller Welt Gutes getan. Da war im Abteil ein Kind, es war natürlich kein Kind wie der Thomas, nein, sondern ein dunkles, blasses Kind, es war ein meckriges Kind, es war ein schwieriges, störendes Kind, aber es war ein Kind ... Es saßen noch zwei Herren im Abteil, das hielt den Vater nicht ab, er machte Kuckuck mit dem Kind, er lenkte es ab, er half der Mutter, so gut er konnte, aber es verschlug nichts, es blieb ein schwieriges Kind.

Der Vater nahm aus dem Netz das kleine braune Paket, das Kind sah zu. Er schnürte langsam das Paket auf, das Kind sah genau hin.

Was da wohl drin ist?

Er faltete das Papier auf, ließ ein bisschen sehen, mehr ...

»Hoppelpoppel«, sagte der Vater ernst.

»Wauwau«, antwortete das Kind selig.

Es wurde nun doch eine sehr gute Bahnfahrt. Siehe, der dicke brummige Herr in der Ecke war ein rechter Großvater, er zog den Hoppelpoppel auf der leeren Bank zu sich hin. Hoppelpoppel hoppelte. Der Vater zog ihn am Schwanz zurück. Das Kind jauchzte.

Manchmal ging eine kleine Sorgenwolke über des Vaters Herz. »Wie weit fahren Sie?«, fragte er die Mutter des Kindes.

»Bis Neu-Bentschen. Und Sie –?«

»Oh, ich muss viel früher raus. Ihr Junge wird ja den Hund bis dahin überhaben.«

»Das weiß ich nicht«, sagte die Frau. »Wenn er was liebt, dann liebt er es auch richtig.«

»Na, eine Weile fahren wir ja auch noch«, sagte der Vater nachdenklich und ließ den Hund bellen.

Der Vater kramte das braune Papier wieder vor und den Bindfaden. »Nun pass auf, jetzt geht Hoppelpoppel schlafen.«

Das Kind sah aufmerksam zu, aber dann, als der Hund im Papier verschwand, fing es an zu weinen. »Hoppäpoppä«, sagte es klagend.

Alle redeten auf das Kind ein, das Kind weinte stärker, der Vater sagte: »Ich brauche ihn ja schließlich nicht eingepackt mitzunehmen, er kann ihn ja noch den Augenblick halten ...«

Das Kind nahm den Hoppelpoppel in den Arm, es lächelte,

es lächelte – lieber Himmel!, es war doch ein sehr ähnliches Kind ...

Der Zug fuhr langsamer, der Zug hielt.

»Nun gib dem Onkel den Hoppelpoppel.«

Das Kind hielt den Hund fest.

»Willst du wohl artig sein, gibst du –!«

»Aussteigen –!«

»Du sollst den Hund loslassen!«

»Gib mir doch den Wauwau, bitte, bitte! Ich habe auch einen kleinen Jungen ...«

»Sie wollen noch raus? Bitte, beeilen!«

Alles ging durcheinander, das Kind weinte schmerzlich, der Schaffner schimpfte. Eine Hand (es war die Hand der Mutter) riss an der klammernden Kinderhand, das Weinen wurde lauter. Der Vater stand draußen mit seinem Hoppelpoppel, er dachte verwirrt: Wenn er was liebt, dann liebt er es auch richtig ...

Der Zug fuhr an, der Vater riss die Tür wieder auf, warf den Hund ins Abteil. Der Zug fuhr schneller, am Fenster waren Mutter und Kind zu sehen, das Kind hielt den Hoppelpoppel ...

Der Mann ging langsam durch den dunklen Wald nach Haus, er hatte es nicht eilig. Wenn er zu Haus ankommen würde, würde sein Junge grade ins Bett gebracht werden, er würde sehnsüchtig betteln: Hoppelpoppel! Der Mann bereute nicht, der Mann schalt sich nicht, er war nur traurig. Irgendetwas war nicht in Ordnung auf dieser Welt, irgendetwas stimmte nicht: Dem einen geben, dass der andere weint –?

Der Mann schloss die Tür auf, oben krähte der Tom. Der Mann ging langsam und leise die Treppe hinauf, er hing leise den Mantel fort, er zog seine Hausschuhe an ... Schließlich musste er doch die Tür aufmachen ...

Da aß sein kleiner Sohn am Tischchen den Haferbrei, und auf dem Tischchen stand der Hoppelpoppel! Der Hoppelpoppel mit einem langen, langen Zettel am Hals.

»Sieh nur, Mann«, sagte die Mummi.

Auf dem Zettel standen viele bahnamtliche Vermerke, aber da stand auch: »Zbaszyń (Bentschen). Kleine schwazze Hund, särr biese. Beißt …«

»Kleine schwazze Hund, särr biese …«, sagte der Vater langsam.

Komisch: plötzlich war die Welt wieder in Ordnung.

Theodor Fontane

Alles still!

Alles still! Es tanzt den Reigen
Mondenstrahl in Wald und Flur,
Und darüber thront das Schweigen
Und der Winterhimmel nur.
Alles still! Vergeblich lauschet
Man der Krähe heisrem Schrei.
Keiner Fichte Wipfel rauschet,
Und kein Bächlein summt vorbei.
Alles still! Die Dorfeshütten
Sind wie Gräber anzusehn,
Die, von Schnee bedeckt, inmitten
Eines weiten Friedhofs stehn.
Alles still! Nichts hör ich klopfen
Als mein Herze durch die Nacht –
Heiße Tränen niedertropfen
Auf die kalte Winterpracht.

Susan Kreller

Petronella

Die Schüler der Klasse 5b bemerkten Petronellas Abwesenheit erst in der zweiten Hälfte der Musikstunde, was nicht gerade früh war, denn immerhin hatten sie vorher schon Biologie und eine Doppelstunde Deutsch gehabt. Sie hätten Petronellas Abwesenheit aber auch *noch später* bemerken können, weil es zurzeit Wichtigeres gab als nicht vorhandene Mitschülerinnen. Wichtiger war die bevorstehende Weihnachtsdisco, und wichtiger war auch, ob Adrian Kumquat mit Vanessa Peters tanzen würde. Außerdem war Petronella noch nicht einmal vorhanden, wenn sie an ihrem Platz saß. Sie war dicklich und irgendwann mal Italienerin gewesen, mehr gab es nicht zu wissen. Hätte jemand Petronellas ausgeleierte Pullover beschreiben müssen, wäre ihm vielleicht eingefallen, dass diese irgendwie – unsichtbar waren. So wie Petronella. Es war ein bisschen merkwürdig, dass sie sich unter diesen Umständen überhaupt noch die Mühe machte, jeden Tag in die Schule zu gehen. Es merkte sowieso keiner. Adrian Kumquat nicht und erst recht nicht Vanessa Peters, der Rest der Klasse noch viel weniger und die Lehrer, nun ja, die Lehrer nur notgedrungen. Und da sollte jemandem auffallen, dass Petronella einmal, ein einziges unbedeutendes Mal, nicht da war?

Dass es trotzdem auffiel, hing mit dem Geräusch einer Kreissäge zusammen. Genauso klang es nämlich, als die Klasse 5b *Stille Nacht, heilige Nacht* sang, und sogar der Musiklehrer, der mit seinen 61 Jahren schon einiges gehört hatte, schaute ab und zu besorgt von seinem Flügel hoch. Nach der zweiten Strophe war auch dem Letzten aufgefallen, dass hier nicht nur 21 Stimmen zu viel waren, sondern vor allem eine zu wenig. Petronellas Stimme. Und wirklich, Petronella saß nicht an ihrem Platz am Fenster. Da war niemand, der das Schneegestöber petronellaförmig verdeckte, kein Gesicht, das sich hinter schwarzen Locken verbarg. Es wäre aber ganz gut gewesen, wenn Petronella an ihrem Platz gesessen und mitgesungen hätte. Denn Petronella bog die Lieder der Klasse 5b gerade. Normalerweise. In allen anderen Musikstunden. Für ihre Mitschüler war das eine feine Sache, weil sie dadurch das Gefühl hatten, singen zu können. Zugegeben hätten sie das aber nie, oder wenn, dann nur ganz leise und höchstens auf dem Schulklo. Oh, wie Petronella singen konnte! Sie musste nur den Mund aufmachen, und schon fielen die Töne heraus, wunderschöne Töne, warm wie Apfelstrudel. Sie machte den Mund aber fast nur in der Musikstunde auf, weshalb man Petronella anschließend sehr bequem und ohne Störung wieder vergessen konnte. Was blieb, war dann nur das Gefühl, singen zu können. Aber das reichte ja auch.

Nur heute, heute war eben leider klar, dass die Schüler der Klasse 5b nicht singen konnten. Ganz und gar nicht. Und während sie an ihren Plätzen saßen und einsehen mussten, dass sie ohne Petronella bestenfalls wie elektrische Geräte aus den Werkstätten ihrer Väter klangen, fiel der Schnee in großen, zufriedenen Flocken auf den Asphalt der städtischen Fußgängerzone. Wie jeden Tag stand dort zwischen Sparkasse und Bäckerei die alte Martha Pierocki mit ihrem Leierkasten und leierte die Passanten in die Flucht. Das heißt, heute war das ein wenig anders. Dabei stand Martha genauso da wie immer, faltig und strähnig, mit fünf gelben Zähnen und zwei Hüten, die sie übereinandertrug. Und auch aus ihrem Leierkasten, runzlig wie sie selbst, kamen die gleichen falschen Töne wie an allen anderen Tagen. Aber diesmal wühlten die Leute nicht in ihren Einkaufstüten und zogen sich auch nicht den Schal höher ins Gesicht. Diesmal blieben sie stehen. Und sie blieben lange stehen und suchten auch nicht nervös nach Münzen, sondern lauschten der Musik, die zwischen den Schneeflocken durch die Luft wirbelte. Denn heute hörten sie noch etwas anderes, eine klare, warme Stimme, durch die sogar das Leiern schön klang. Und manchmal, da trafen sich die Stimme und Martha Pierockis Leierkasten, ein paar Töne lang. Dann gruben die Leute ihre Hände tiefer in die Taschen, weil sie sich kurz zu Hause fühlten in ihren Mänteln und in der Musik.

Sie wussten nicht, dass Petronella am Morgen einfach stehen geblieben war, zwischen Sparkasse und Bäckerei, und dass ihre Mitschüler heute deshalb nicht singen konnten. Sie wussten auch nicht, dass Petronella unsichtbar war, das konnte man beim besten Willen nicht erkennen. Doch sie brauchten das alles auch nicht zu wissen. Was zählte, war, dass sie ihre Einkäufe vergaßen, dass die Dezemberkälte vor ihnen haltmachte und dass Martha Pierocki ein großes, fünfzähniges Lachen in die Schneeflocken hielt. Und vielleicht dachte einer auch, Weihnachten, ach was, Weihnachten brauchen wir nicht mehr. Denn das, was er hier hörte, war tausendmal besser. Millionen Mal.

Jutta Richter

Die Sache mit dem Zwerghuhn

»Du kriegst kein Huhn!«, hatte Herbert jedes Mal gesagt.

»Wo willst du denn hin damit? Und im Urlaub? Wer kümmert sich dann ums Huhn?«

Das war auf dem Wochenmarkt gewesen.

Mama hatte vor den Käfigen gestanden. Schon eine halbe Stunde lang. Mama hatte mit den Hühnern gesprochen, hatte ganz leise gegackert und gegurrt, und die Hühner hatten Mama geantwortet. Sogar der Hahn war näher gekommen, und Mama hatte ihn gekrault.

»Komm endlich«, hatte Herbert jedes Mal gesagt. »Wir müssen nach Hause.«

Aber Mama hatte sich nicht von der Stelle gerührt. Hatte getan, als ob sie gar nichts hören würde, und einfach weitergegackert.

Und die Leute hatten gegrinst. »So eine Verrückte! Mit Hühnern sprechen!«

»Na, junge Frau! Früher selber mal Huhn gewesen?«, hatte der Hühnerhändler gefragt.

Und da hatte Herbert Mama weitergezogen. Bloß weg von den Hühnern. Bloß weg.

»Vielleicht ein ganz kleines Huhn?«, hatte Mama gefragt. »Ein winzig kleines Huhn. Herbert, das würde doch nicht stören! Das könnte auf der Wiese rumlaufen und Würmer fressen!«

»Und alles vollscheißen! Und im Winter? Was machst du im Winter mit dem Huhn?«

»Wir haben doch den Kaninchenstall!«, hatte Mama gesagt.

»Der ist viel zu klein!«

»Aber Herbert, kleine Hühner brauchen doch kleine Ställe!«

»Es gibt kein Huhn und basta!« Das war jedes Mal Herberts letztes Wort gewesen, und Mama hatte die Lippen so fest zusammengepresst, dass sie nur noch ein schmaler Strich in ihrem Gesicht waren.

Dann kam der November. Mama ging nicht mehr auf den Wochenmarkt.

»Viel zu kalt!«, sagte sie. »Da holt man sich doch den Tod!«

»Und die Hühner?«, fragte Hannah. »Willst du nicht wenigstens die Hühner besuchen?«

Mama antwortete nicht. Sie starrte aus dem Fenster und kniff die Augen so zusammen, als ob sie ganz hinten am Ende der Straße jemanden erkennen wollte.

Hannah war wütend auf Herbert. Der hatte doch keine Ahnung.

Mama war die Einzige, die mit Hühnern reden konnte. Und die Hühner redeten mit Mama. Aber so was kapierte Herbert nicht. So was war ihm peinlich. Hannah konnte sowieso nicht verstehen, was Mama an Herbert fand. Warum er schon drei Jahre bei ihnen wohnen und immer rumnölen durfte.

Am ersten Dezember schneite es. Dicke Watteflocken zuerst, dann Pulverschnee. Und die Wunschzettelzeit fing an.

In der Schule hatte Frau Buntschuh die Strohsterne an den Adventskranz gehängt, und in der ersten Stunde brannte eine Kerze auf dem Pult. Es roch nach Apfelsinen und Zimt.

stand an der Tafel.

»Topflappen«, sagte Martina Tälmann.

»Schlüsselanhänger«, rief Klaus Karsten.

»Taschenbücher«, sagte Martin Renner.

»Eine kleine Vase«, meinte Svenja Sondermeier.

»Und du, Hannah? Was schenkst du deiner Mutter zu Weihnachten?«, fragte Frau Buntschuh.

»Sie wünscht sich ein Huhn«, flüsterte Hannah.

»Etwas lauter bitte«, sagte Frau Buntschuh. »Ich habe nichts verstanden, Hannah!«

»Meine Mama wünscht sich ein Huhn!«, rief Hannah.

Eine Sekunde lang war es totenstill in der Klasse, dann brach das Gelächter los.

»Ein Huhn!«, kreischte Martina Tälmann. »Ein Huhn! Ich fass es nicht!«

»Ein Huhn!«, brüllte Klaus Karsten und schlug sich auf die Schenkel.

»Kinder!«, rief Frau Buntschuh. »Kinder, beruhigt euch doch!« Sie fuchtelte mit den Armen und sah aus, als würde sie ein großes Orchester dirigieren.

Und genau in diesem Augenblick schellte es zur Pause.

Immer noch lachend stürzten die anderen zur Tür, während Hannah mit gesenktem Kopf einfach an ihrem Tisch sitzen blieb.

»Ein Huhn also«, sagte Frau Buntschuh. »Glaubst du, deine Mutter wird sich freuen, wenn du ihr eins schenkst?«

»Und wie! Sie wünscht sich nichts mehr als ein Huhn. Sie kann nämlich mit Hühnern reden. Und die Hühner antworten sogar!«

»So, so«, murmelte Frau Buntschuh. »Deine Mutter kann also mit Hühnern reden ... Habt ihr denn einen Hühnerstall?«

»Mama hat gesagt, ein kleines Huhn braucht einen kleinen Stall. Wenn es ein ganz kleines Huhn wäre, würde der Kaninchenstall reichen!«

»Ein Zwerghuhn also«, sagte Frau Buntschuh. »Zwerghühner sind die kleinsten. Hast du denn genug Geld für ein Zwerghuhn?«

Hannah zuckte mit den Schultern.

»Sind zwanzig Mark genug? Ich habe gespart!«

»Mehr als genug.« Frau Buntschuh lächelte. »Na, dann komm mal am Heiligen Abend vorbei und hol das Zwerghuhn ab! Ich finde, das ist ein sehr schönes Geschenk!«

Am Heiligen Abend schneite es immer noch. Herbert versuchte, im Wohnzimmer den Baum einzustielen.

»Der Baum steht schief«, sagte Mama. »Siehst du das nicht?«

»Misch du dich nicht ein!«, knurrte Herbert. »Den kann man nicht gerade hinstellen!«

Im Radio sang ein Kinderchor Weihnachtslieder. Hannah schlich sich raus. Gleich würde es Krach geben. Das wusste sie genau. Es gab jedes Jahr Krach.

Und der Krach fing immer mit dem Satz »Der Baum steht schief« an. Immer. Aber diesmal machte es Hannah nichts aus. Sie hatte ja das beste Weihnachtsgeschenk der Welt für Mama. Ein richtiges Huhn!

Frau Buntschuh machte sofort die Tür auf.

»Komm mit!«, sagte sie.

Hinter dem Haus war ein Schuppen. Frau Buntschuh ging vor. Im Dämmerlicht sah Hannah die Hühner auf den Stangen sitzen. Sie gurrten leise vor sich hin und waren wirklich sehr klein.

»Zwerghühner«, sagte Frau Buntschuh. »Such dir eins aus!«

»Das da!« Hannah zeigte auf ein weißes Huhn am Ende der Stange.

Frau Buntschuh ging langsam näher und packte es. Das Huhn schimpfte laut und gackerte. Aber Frau Buntschuh hielt es fest, setzte es in einen Karton und machte den Deckel zu.

»So!«, sagte sie. »Und fröhliche Weihnachten auch, Hannah!«

Hannah war selig. Sie hielt den Karton ganz fest und stapfte nach Hause durch den Schnee.

Sogar durch die geschlossenen Fenster konnte man ihre Stimmen hören.

»Dann geh doch zurück zu deiner Mutter!«, brüllte Herbert. »Dieses Weihnachtsgetue geht mir sowieso auf die Nerven!«

»Du könntest wenigstens auf das Kind Rücksicht nehmen!«, keifte Mama.

»Ich bin also schuld! Natürlich, ich bin ja immer schuld!«, brüllte Herbert.

Hannah hörte die Wohnzimmertür zuknallen. Wie letztes Jahr, dachte sie. Warum die sich bloß immer streiten müssen, dachte sie, und immer am Heiligen Abend.

Das Huhn im Karton bewegte sich.

»Du musst keine Angst haben«, sagte Hannah. »Wir sind doch zu Hause.«

Mama stand in der Küche und pellte Kartoffeln für den Kartoffelsalat. Sie sah verheult aus.

»Geh in dein Zimmer, Spätzchen. In zehn Minuten ist Bescherung! Was ist denn in dem Karton?«

»Überraschung!«, sagte Hannah. »Eine Riesenüberraschung!«

Mama versuchte zu lächeln.

»Na dann! Da bin ich aber gespannt!«

Es waren die längsten zehn Minuten, die Hannah je gewartet hatte. Das Huhn kratzte im Karton, und Hannah versuchte, Mamas Hühnersprache zu sprechen, aber es klang nur wie Rabengekrächze.

»Warte ab, Huhn!«, sagte Hannah. »Gleich wird Mama mit dir reden, die kann das viel besser als ich!«

Dann endlich hatte Herbert die Kerzen angezündet. Und endlich klingelte das Weihnachtsglöckchen.

Der Baum war genauso schief wie Herberts Grinsen. Denn Herbert versuchte wie immer, so zu tun, als hätte es keinen Streit gegeben. Er versuchte sogar, Mama einen Kuss zu geben. Aber Mama drehte den Kopf weg.

»Du zuerst, Spätzchen!«, sagte sie und zeigte auf die Geschenke neben dem Baum.

»Diesmal nicht«, antwortete Hannah. »Diesmal bist du zuerst dran! Fröhliche Weihnachten!«

Sie gab Mama den Karton.

Und dann plötzlich ging alles ganz schnell.

Mama machte den Deckel auf, das Huhn flatterte im selben Augenblick los und landete auf der Lampe. Herbert pumpte wie ein Maikäfer, und dann brüllte er.

»Bin ich denn hier im Irrenhaus!«, brüllte er. »Hab ich gesagt: ›Du kriegst kein Huhn?!‹«, brüllte er. »Dich hinter dem Kind verstecken, das ist alles, was du kannst! Mir reicht's!«, brüllte er.

Mama hatte den Kopf eingezogen, genau wie das Huhn, und dann knallte auch schon die Korridortür, und Herbert war weg.

»Den sind wir los!«, sagte Mama, und dann fing sie an zu lachen. Es war ein riesengroßes Mamalachen. Ein Lachen wie ein Hühnergackern. Mama lachte so lange, bis ihr die Tränen kamen, und dabei hielt sie Hannah die ganze Zeit im Arm.

»Spätzchen«, prustete Mama und zeigte auf das Huhn auf der Lampe. »Spätzchen, das ist das beste Weihnachtsgeschenk, das ich je im Leben bekommen habe!«

Und Hannah hätte schwören können, dass das Huhn genickt hat.

Paul Maar

Backen, Mogeln und Rodeln

Nun schneite es schon seit vier Tagen. Der Schnee war endlich liegen geblieben, und eine dicke weiße Haube bedeckte die Büsche auf der anderen Straßenseite. Auch die Hausdächer leuchteten jetzt weiß. Nur neben den rauchenden Schornsteinen war der Schnee durch die Wärme getaut, und das ursprüngliche Ziegelrot konnte sich durchsetzen.

Draußen vor dem Haus zogen Kinder mit ihren Schlitten vorbei. Sie waren auf dem Weg zum Rodelberg am Ende der Straße.

Noch vor einer Woche war das eine regennasse Wiese gewesen, die sich den Hang hinaufzog. Jetzt hatte sie sich in eine ziemlich schnelle Piste verwandelt, denn die vielen Schlitten, die da schon hinuntergesaust waren, hatten den Schnee hart und glatt gemacht.

Das fröhliche Geschrei der Schlitten fahrenden Kinder hörte man bis ins Rotkohl-Haus.

»Papa Taschenbier, fährst du mit mir Schlitten?«, fragte das Sams.

»Nein. Erstens käme ich mir als Erwachsener komisch vor zwischen all diesen Kindern«, sagte Herr Taschenbier.

Er hatte ein Kochbuch vor sich liegen und war gerade dabei, in einer Schüssel Butter, Zucker, Eier und Mehl zu verrühren.

»Und zweitens?«, fragte das Sams.

»Und zweitens habe ich keinen Schlitten«, antwortete Herr Taschenbier.

»Schade«, sagte das Sams. »Vielleicht hat Frau Rotkohl einen?«

»Du kannst sie ja mal fragen«, sagte Herr Taschenbier. »Ja, aber nur, ob sie mir einen Schlitten leihen kann. Nicht, ob sie mit mir Schlitten fährt«, sagte das Sams. Herr Taschenbier musste lachen. »Ich stelle mir gerade vor, wie du auf einem Schlitten zusammen mit Frau Rotkohl den Berg hinunterrast. Sitzt sie dann vorne oder du?«

»Wir würden abwechseln«, sagte das Sams. »Mal sitze ich vorne, mal sitzt sie hinten.«

»Ich verstehe«, sagte Herr Taschenbier. »Dann geh mal hinüber und frag sie!«

Das Sams zog seinen Bärenfell-Anzug an und klopfte an Frau Rotkohls Tür.

»Ja?«, rief sie von drinnen.

Das Sams kam ins Zimmer und fragte gleich: »Frau Rotkohl, hast du einen Schlitten?«

»Sehe ich so sportlich aus?«, fragte sie zurück. »Natürlich nicht.«

»Schade«, sagte das Sams.

»An Bären würde ich sowieso keinen Schlitten ausleihen. Die zerkratzen nur den Sitz mit ihren Krallen«, sagte sie in einem Anflug von Humor. »Außerdem fahren nur Eisbären Schlitten, keine Braunbären, wie du einer bist. Braune Bären rutschen höchstens auf ihrem Hinterteil den Berg hinunter.«

»Und anschließend wieder hinauf«, sagte das Sams. »Weiß doch jeder!«

Gerade als es zurückging, klingelte es an der Haustür. Frau Rotkohl und das Sams rannten gleichzeitig hin, um zu öffnen. Draußen stand Herr Mon. Er war schneebedeckt. Auf seinen Schultern und seinen Haaren türmten sich kleine weiße Schneepolster. Er schüttelte erst den Schnee ab, bevor er die beiden begrüßte. »Guten Tag, Frau Rotkohl, hallo, Sams!

Ist das nicht ein prächtiges Winterwetter? Ja, das ist es wirklich!«

»Kommst du zu mir oder zu Papa Taschenbier?«, fragte das Sams.

Jetzt erst betrachtete er das Sams. »Ist das die neueste Kindermode?«, fragte er. »Rentierfell-Anzüge?«

»Erstens bin ich kein Kind, sondern ein Sams«, stellte es richtig. »Außerdem ist es ein Bärenfell, kein Rentierfell. Das kannst du nur nicht wissen, weil mein Kopf auf dem Kühlschrank liegt.«

»Dein Kopf?«, fragte Herr Mon. »Kann man das verstehen? Nein, kann man nicht.«

»Ich meine den Bärenkopf«, sagte das Sams. »Jetzt hast du aber immer noch nicht gesagt, zu wem du kommst.«

»Zu euch«, antwortete er.

Er wandte sich an Frau Rotkohl. »Taschenbier und ich wollen heute Weihnachtsplätzchen backen. Natürlich werden wir Ihnen auch ein paar spendieren.«

»Zwei Männer wollen Plätzchen backen. Das kann ja was werden!«, sagte sie naserümpfend. »Müssen es denn gleich Weihnachtsplätzchen sein? Es genügt, wenn Sie mir einfach ein paar ganz normale Plätzchen schenken.«

»Wie Sie wollen«, sagte Herr Mon.

»Und jetzt kommen Sie endlich rein, Herr Mon! Aber treten Sie sich bitte vorher die Stiefel ab! Sie tropfen mir den ganzen Flur voll.«

»Die Stiefel trete ich nicht ab, weil ich noch mal vor die Tür muss«, sagte Herr Mon. »Ich habe nämlich eine Überraschung für Sie dabei. Ja, die habe ich.«

Er ging noch mal vor die Tür und brachte von dort einen Christbaum, den er an die Hauswand gelehnt hatte. »Das ist mein vorzeitiges Weihnachtsgeschenk! Ein kleiner, aufrechter, schön gewachsener Baum! Ja, das ist er.«

»Danke!«, sagte Frau Rotkohl knapp. »Den tragen Sie bitte wieder nach draußen und stellen ihn in den kleinen Schuppen hinter dem Haus. Da finden Sie auch eine Säge.«

»Säge?«, fragte Herr Mon.

»Genau«, bestätigte sie. »Damit sägen Sie erst alle Zweige ab und legen sie zum Trocknen beiseite. Und den Baumstamm sägen Sie dann in ungefähr dreißig Zentimeter lange Stücke.«

»Sägen? In Stücke?«, fragte Herr Mon entsetzt. »Dreißig Zentimeter?«

»Ja, damit ich sie in meinen Kaminofen schieben kann. So passen sie genau durch die Ofentür.«

»Aber das ist doch ein Christbaum. Ja, das ist er!«

»Ich brauche keinen Christbaum«, sagte sie. »Um es mal ganz deutlich zu sagen: Ich hasse Weihnachten und alles, was damit zu tun hat.«

»Schade«, sagte er. »Aber bevor ich den Baum zersäge, trage ich ihn lieber wieder vor die Tür und lasse ihn da stehen für meinen Freund Taschenbier.«

Er wandte sich an das Sams: »Oder hat er schon einen?«

»Ich habe keinen gesehen«, sagte das Sams. »Warum wolltest du Frau Rotkohl ausgerechnet einen Baum schenken?«

»Einen Tannenbaum, ja. Warum habe ich ihr den wohl mitgebracht? Das weißt du wirklich nicht?«

»Nein, woher soll ich das wissen?«, sagte das Sams.

»Nun, es hat sich in der Stadt herumgesprochen, dass Frau Rotkohl gerne einen Wald pflanzen möchte, und mit diesem Baum will sie beginnen«, behauptete Herr Mon und blinzelte dabei Frau Rotkohl zu.

Die schüttelte unwillig den Kopf, sagte aber nichts dagegen.

Das Sams sah Herrn Mon zweifelnd an: Machte er einen Scherz, oder war es sein Ernst? »Einen Wald?«, wunderte es sich. »Wo soll der denn wachsen?«

»Im Vorgarten. In einem Jahr steht da ein schöner Wald, und bald kannst du die scheuen Waldtiere von deinem Fenster aus beobachten. Die Hasen, die Rehe, die Waldohreulen, die Füchse und die Borkenkäfer«, baute Herr Mon seine Geschichte aus. »Vielleicht streckt dann mal ein Hirsch seinen Kopf durchs Wohnzimmerfenster von Frau Rotkohl und sagt ›Guten Tag, schöne Frau‹. Wäre das nicht lustig? Ja, das wäre es.«

Frau Rotkohl sagte: »Herr Mon, reden Sie nicht solchen Unsinn!« Und zum Sams: »Aus dem Baum da draußen soll ein Christbaum werden, hast du ja gehört!«

»Christbaum?«, fragte das Sams.

»Weißt du wirklich nicht, was das ist?«, fragte Frau Rotkohl. »Den stellt dann dein Herr Taschenbier im Zimmer auf und hängt irgendwelche Sachen dran.«

»Würstchen?«, fragte das Sams.

»Eher Kerzen und Kugeln. Auch ein paar Tannenzapfen aus Schokolade und viel Lametta«, vermutete Herr Mon. »So wird er ihn schmücken, ja, das wird er.«

»Kerzen kommen mir nicht an den Baum!«, rief sie. »Nein, nein. Das kann er vergessen. Da kommt höchstens eine elektrische Lichterkette hin. Ich will doch keinen Wohnungsbrand löschen müssen!«

»Du musst ihn gar nicht löschen, das mache ich gerne für dich«, schlug das Sams vor.

»Kaum beginnt der Wohnungsbrand,
kommt das Sams schon angerannt
mit einem Eimer in der Hand.
Ist's dann ausgekippt, das Wasser,
ist die Wohnung etwas nasser.«

»Nasse Wohnung! Das könnte dir so passen!«, rief Frau Rotkohl. »Mit Zimmerüberschwemmungen habt ihr ja Erfahrung, du und dein Herr Taschenbier!« Zu Herrn Mon sagte sie: »Jetzt ziehen Sie endlich die nassen Stiefel aus und gehen zu Ihrem Freund Taschenbier!«

Herr Mon zog brav seine schneebedeckten Stiefel aus und stellte sie neben die Tür auf den Boden.

»Darf ich auch mithelfen beim Backen?«, fragte das Sams.

»Aber natürlich darfst du das!«, sagte er. »Kinder lieben doch das Plätzchenbacken.«

»Ich bin kein Kind, ich bin ein Sams. Habe ich dir doch gerade schon gesagt«, beschwerte sich das Sams. »Das weißt du genauestens genau, Onkel Mon.«

»Das weiß nicht nur Herr Mon, das weiß auch ich nur zu genau«, sagte Frau Rotkohl. »Wie oft habe ich mir schon gewünscht, dass du ein braves, wohlerzogenes Kind wärst und kein freches Sams.«

»Gut, dass du das nicht gewünscht hast, als ich noch Wunschpunkte im Gesicht hatte«, sagte das Sams und ging mit Herrn Mon in Taschenbiers Zimmer.

Der hatte seinen Freund Mon schon im Flur reden hören und sagte gleich: »Na, dann wollen wir mal! Den Teig habe ich schon fertig und im Kühlschrank gelagert.«

Er holte ihn heraus und legte ihn auf ein großes Küchenbrett.

»So, Mon: Jetzt kommt deine Aufgabe. Nun muss der Teig mit dem Nudelholz ausgerollt werden. Da sind deine starken Arme gefragt!«

»Starke Arme? Ja, das sind sie. Das hast du nett formuliert, Taschenbier. Ja, das hast du«, sagte Herr Mon, zog seine Jacke aus und schlüpfte in die Schürze, die ihm sein Freund hinhielt, griff nach dem Nudelholz und begann, den dicken Teigberg erst etwas flacher zu drücken und dann auszurollen.

Das Sams schaute interessiert zu.

»Du darfst Mehl darüberstäuben«, erlaubte Herr Taschenbier. »Sonst klebt der Teig am Nudelholz fest. He, nicht naschen!«

Als der Teig flach ausgerollt war, wurden nun die Plätzchen mit Blechförmchen ausgestochen und auf ein zweites Brett gelegt, das auch mit Mehl eingestäubt war. Da lagen dann Sterne, Monde, Herzen und Vierecke.

»Ist das nicht ein bisschen langweilig? Immer bei allen Weihnachtsplätzchen von allen Familien immer die gleichen Sterne und Monde?«, fragte Herr Mon.

»Es gibt eben nur diese Ausstechförmchen zu kaufen«, sagte Herr Taschenbier.

»Warum nehmen wir nicht ein spitzes Messer und schneiden unsere eigenen Formen aus?«, schlug Herr Mon vor.

»Na gut, wenn du meinst«, sagte Herr Taschenbier.

»Sehr gute Idee!«, lobte das Sams. »Ich könnte ja eine Würstchenform rausschneiden. Geht nicht schwer. Einen Schlauch mit einer Kurve in der Mitte und hinten und vorne zwei Dreiecke als Wurstzipfel.«

»Und ich könnte mir zum Beispiel einen Hasen vorstellen«, sagte Herr Mon.

»Hasen? Ich dachte, wir feiern Weihnachten und nicht Ostern«, sagte Taschenbier lachend.

»Es können auch andere Tiere sein. Ja, das könnten sie. Zum Beispiel ein Papagei«, schlug Herr Mon vor.

»Oder ein Wal«, ergänzte das Sams.

»Dann schneide ich mal einen Uhu aus«, beschloss Herr Taschenbier. »Mit zwei Rosinen als Augen.«

»Vielleicht auch ein Regenwürmchen«, sagte das Sams. »Falls man nur einen kleinen Hunger hat.«

Heinz Janisch

Weihnachtsspaziergang

Wenn der Schnee fällt
gefällt mir die Welt
Die weißen Flocken
machen dir glitzernde Locken
Beim Gehen
kann man unsere Spuren sehen
Jeden einzelnen Schritt
zeichnet die Schneedecke mit
Noch lange wird man wissen:
Hier mussten sich zwei küssen …

Renate Welsh

Lisa und ihr Tannenbaum

Im Sommer hat Lisa ihn entdeckt: den schönsten Tannenbaum weit und breit. Mitten auf einer Lichtung steht er, ganz allein, hat Äste und Zweige bis zum Boden. Wenn Lisa auf den Zehenspitzen steht, kann sie seinen Wipfel anfassen. Die Nadeln an den Spitzen der Zweige sind hellgrün und weich. Lisa streichelt sie.

Sie stellt sich vor den Tannenbaum und singt: »O Tannenbaum, o Tannenbaum!« Weihnachtslieder singt sie am liebsten im Sommer. »Das wird unser Christbaum«, sagt sie. Die Eltern erklären: »Man darf Bäume nicht einfach abschlagen.«

»Warum?«, fragt Lisa.

»Weil sie jemandem gehören«, sagt der Vater.

Lisa will wissen, ob dieser Jemand die Bäume gepflanzt hat.

»Manche«, sagt der Vater. »Manche hat der Wind gesät oder die Vögel ...«

Lisa denkt nach: »Dieser ist ein Wind- und Vogelbaum, der gehört dem Wind und den Vögeln.«

»Und die verkaufen ihn nicht«, sagt die Mutter.

»Aber ich will nur den«, sagt Lisa.

Immer wieder geht Lisa ihren Baum besuchen. Einmal hängt ein Spinnennetz in den Zweigen, darin funkeln ein paar Regentropfen. Lisa bringt eine Glaskugel mit und hängt sie an einen Zweig. Wie schön wird der Baum erst sein mit vielen Glaskugeln, mit Lebkuchen und Schokoladenherzen, mit Kerzen und Sternspuckern!

Es wird Herbst. Das Gras auf der Lichtung ist gelb und

braun. Die Birken am Waldrand haben nur noch fünf Blätter. Auf der Spitze des Tannenbaums hängt ein goldenes Birkenblatt. »Bald ist es so weit«, sagt Lisa.

Der Vater holt die Glaskugeln vom Schrank. Die Mutter bastelt Strohsterne, und Lisa malt ihrem Nussschalenkind einen roten Mund. Der Vater putzt die Glaskugeln, aus der Schachtel fallen vertrocknete Tannennadeln. Plötzlich erinnert sich Lisa an den Dreikönigstag im letzten Jahr. Sie erinnert sich, wie sie den Christbaum abgeräumt haben. Fast alle Nadeln sind heruntergefallen. Übrig blieben ein trauriger kahler Stamm und traurige kahle Äste und ein trauriges Häufchen grauer Nadeln auf dem Fußboden.

»Morgen holen wir deinen Tannenbaum!«, sagt der Vater. »Ich habe mit dem Förster gesprochen.« Lisa schüttelt den Kopf. Die Mutter sieht den Vater an. »Warum denn nicht?«, fragen beide. Lisa beginnt zu weinen. Die Mutter streicht ihr über den Kopf. Der Vater hebt sie auf seinen Schoß. Lisa schluchzt in seinen Pullover hinein. Plötzlich sagt die Mutter: »Ich habe eine Idee.«

Am Weihnachtsabend kommen die Großeltern, Tante Carola und Onkel Michael. »Nicht ausziehen«, sagt Lisa. »Warum nicht?«, fragt Oma. Lisa macht ein geheimnisvolles Gesicht. Die Mutter reicht allen Gummistiefel. Oma bekommt noch ein dickes warmes Tuch. Sie steigen ins Auto. Es ist eng im Wagen mit so vielen Menschen drin, eng und schön warm. Der Großvater will wissen, wohin sie fahren, aber die Eltern und auch Lisa verraten nichts.

Am Waldrand bleiben sie stehen. Nebelfetzen wirbeln an den Bäumen entlang. Lisa rutscht auf den nassen Blättern. Es ist dunkel zwischen den Bäumen. Der Lichtstrahl von Vaters Taschenlampe zittert. Dicke Tropfen platschen auf die Nasen. Sie kommen zu der Lichtung. Lisa läuft zu ihrem Tannenbaum. Die Mutter steckt Kerzen an die Äste. Der Vater hängt Nüsse an die mittleren Zweige. Lisa hängt Karotten an die unteren Zweige. Die Mutter hängt Meisenringe an die obersten Zweige. Sie kramt in ihrem Korb. »Wo sind die Streichhölzer?«

Der Großvater zieht sein Feuerzeug aus der Tasche. Er zündet die Kerzen an und die Sternspucker. Dann halten sich alle an den Händen und gucken den Baum an. Oma fängt an zu singen. Sie singen alle Weihnachtslieder, die sie kennen. Plötzlich lacht Lisa. »Schaut, man sieht unsere Lieder!« Man sieht sie wirklich. Als weiße Fahnen und weiße Kringel in der kalten Luft.

»Hasen!«, ruft Lisa, »Eichhörnchen! Meisen! Kommt, euer Christbaum ist fertig!« Kein Hase kommt, kein Eichhörnchen und keine Meisen. Lisas Füße werden kalt und kälter. Auch die Großmutter tritt schon von einem Fuß auf den anderen. Die Mutter sagt: »Ich glaube, die kommen erst, wenn wir weg sind.« Lisa lehnt sich an die Mutter und blickt in die Höhe. Zwischen den Wolken leuchtet ein Stern.

Am nächsten Tag gehen alle noch einmal in den Wald. Die ganze Lichtung ist voller Raureif, jeder Grashalm, jede Distel. Auch der Christbaum ist voll Raureif. Alle Nüsse sind weg. Eine einzige Karotte hängt noch da, und die ist zur Hälfte angeknabbert. In die Meisenringe sind große Löcher gepickt. Lisa umarmt einen nach dem anderen. »Na seht ihr«, sagt sie.

Brüder Grimm
Der glückliche Vogel

Der glückliche kleine Vogel Zizibä saß in einem kahlen Fliederbusch und fror. Zizibä war ein kleiner Vogel. Er hatte sein Federkleid dick aufgeplustert, weil's dann ein wenig wärmer war.

Da saß er wie ein dicker runder Ball, und keiner ahnte, wie dünn sein Körper drunter aussah. Zizibä hatte die Augen zu. Er mochte schon gar nicht mehr hinsehen, wie die Schneeflocken endlos vom Himmel herunterfielen und alles zudeckten. Alle Futterplätze waren zugeschneit. Ach, und Hunger tat so weh! Zwei Freunde von Zizibä waren schon gestorben.

Stellt euch mal vor, ihr müsstet in einem kahlen Strauch sitzen, ganz allein im Schnee, und hättet nichts zu essen. Kein Frühstück, kein Mittagessen – und abends müsstet ihr hungrig einschlafen, ganz allein draußen im leeren Fliederbusch, wo's dunkel ist und kalt. Das wäre doch schlimm.

Zizibä musste das alles erleiden. Er saß da und rührte sich nicht. Nur manchmal schüttelte er den Schnee aus den Federn. Wieder ging ein hungriger Tag zu Ende. Zizibä wollte einschlafen. Er hörte plötzlich ein liebliches Geklingel. Dann wurde es hell und warm, und Zizibä dachte: Oh, das ist gewiss der Frühling!

Aber es war der Weihnachtsengel. Er kam daher mit einem Schlitten voller Weihnachtspakete. Er sang vergnügt »Morgen, Kinder, wird's was geben« und leuchtete mit seinem Laternchen den Weg. Da entdeckte er auch unseren Zizibä. »Guten Abend«, sagte der Engel, »warum bist du so traurig?«

»Ich habe so Hunger«, piepste Zizibä und machte vor Kummer wieder die Augen zu. »Du armer Kleiner«, sagte der Engel, »ich habe auch nichts zu essen dabei. Woher kriegen wir nur was für dich?«

Aber genau das war's ja, was Zizibä auch nicht wusste. Doch dann hatte der Engel eine himmlische Idee. »Warte«, sagte er, »ich werde dir helfen. Bis morgen ist alles gut. Schlaf nur ganz ruhig.«

Aber Zizibä war schon eingeschlafen und merkte gar nicht, wie der Engel weiterzog und im nächsten Haus verschwand. Im nächsten Haus wohnte Franzel. Das war ein netter, kleiner Bub. Jetzt lag er im Bett und schlief und träumte von Weihnachten.

Der Engel schwebte leise herzu, wie eben Engel schweben, und beugte sich über ihn. Leise, leise flüsterte er ihm etwas ins Ohr, und was Engel sprechen, das geht gleich ins Herz. Der Franzel verstand auch sofort, um was sich's handelt, obwohl er fest schlief. Als er am nächsten Morgen wach wurde, rieb er sich die Augen und guckte zum Fenster hinaus.

»Ei, so viel Schnee«, rief er, sprang aus dem Bett, riss das Fenster auf und fuhr mit beiden Händen in den Schnee. Dann machte er einen Schneeball und warf ihn aus Übermut hoch in die Luft. Plötzlich hielt er inne. Wie war das doch heute Nacht? Hatte er nicht irgendetwas versprochen? Richtig, da fiel's ihm ein. Er sollte dem Zizibä Futter besorgen.

Der Franzel fegte den Schnee vom Fensterbrett und rannte zur Mutter in die Küche. »Guten Morgen, ich will den Zizibä füttern, ich brauche Kuchen und Wurst!«, rief er. »Das ist aber nett, dass du daran denkst«, sagte die Mutter, »aber Kuchen und Wurst taugen nicht als Futter. Der Kuchen weicht auf, und die Wurst ist viel zu salzig. Da wird der arme Zizibä statt an Hunger an Bauchschmerzen sterben.«

Die Mutter ging und holte eine Tüte Sonnenblumenkerne. »Die sind viel besser«, sagte sie.

Der Franzel streute die Kerne aufs Fensterbrett und rief: »Guten Appetit, Zizibä!«

Dann musste er sausen, um noch rechtzeitig zur Schule zu kommen.

Als die Schule aus war, kam er auf dem Nachhauseweg beim Samenhandler Korn vorbei. Der Franzel ging in den Laden und sagte: »Ich hätte gern Futter für die Vögel im Garten.« Er legte sein ganzes Taschengeld auf den Tisch.

Dafür bekam er eine große Tüte voll Samen und Meisenringe. Nun rannte er nach Hause zu seinem Fensterbrett. Aber – o weh – da war alles zugeschneit.

Doch die Körner waren verschwunden. Die hatte Zizibä noch rechtzeitig entdeckt. Er hatte seine Vettern und Kusinen herbeigeholt, und sie hatten sich einen guten Tag gemacht, während der Franzel in der Schule war. Es darf nicht wieder alles zuschneien, dachte der Franzel, und als sein Vater am Nachmittag heimkam, machten sie sich gleich daran und zimmerten ein wunderschönes Futterhaus. Das hängten sie vor dem Fenster auf.

Am nächsten Tag sprach sich's bei der ganzen Vogelgesellschaft herum, dass es beim Franzel etwas Gutes zu essen gab. Das war eine große Freude, denn kein Vogel brauchte mehr vor Hunger zu sterben, und abends, wenn der Engel vorbeikam, sah er nur satte und zufriedene Vögel friedlich schlummern.

Dafür legte er dem Franzel noch ein Extra-Geschenk unter den Weihnachtsbaum, und es wurde ein wunderschönes Fest.

Marjaleena Lembcke

Der Weihnachtskaktus

Zwei Wochen vor Weihnachten wusste Lisa immer noch nicht, was sie ihrer Mutter schenken könnte. Letztes Jahr hatte sie ihr ein schönes Bild gemalt, mit einem fröhlichen Weihnachtsmann, der ein wenig wie Lisas Vater aussah. Die Mutter hatte das Bild sehr schön gefunden, aber nach den Feiertagen hatte sie es in eine Schublade gelegt. Und Lisa hatte keine Lust, Bilder zu malen, die in der Schublade verschwanden, wo sie niemand bewundern konnte.

Ich könnte ihr ein Buch schenken, dachte Lisa. Ein Buch ist ein schönes Geschenk! Sie ging in eine Buchhandlung und kam sich etwas verloren vor. Es gab ja so viele Bücher! Sie wusste gar nicht, wo sie suchen sollte.

»Kann ich dir behilflich sein?«, fragte eine Verkäuferin.

»Ich möchte ein Buch kaufen«, antwortete Lisa.

»Kinderbücher sind eine Etage tiefer«, sagte die Verkäuferin freundlich.

»Ich weiß. Ich möchte aber meiner Mutter ein Buch schenken.«

»An was für ein Buch hast du denn gedacht?« Lisa zuckte die Schultern. Sie hatte an ein billiges Buch gedacht, denn sehr viel Taschengeld bekam sie nicht.

»Was liest sie denn gerne?«, fragte die Verkäuferin.

»Ich habe sechs Euro fünfzig«, antwortete Lisa. Darauf meinte die Verkäuferin, dass sie ihrer Mutter doch etwas anderes schenken sollte, denn so billige Bücher führten sie nicht.

Lisa ging in ein Kaufhaus. Sie sah sich in der Parfümabteilung um, sie guckte die Papierwaren an, sie suchte unter den Glas- und Porzellanfiguren nach einem schönen Geschenk. Aber sie fand keinen Gegenstand, bei dem sie sicher war, dass er ihrer Mutter gefallen würde. Oder wenn sie etwas Schönes fand, war es ihr zu teuer. Enttäuscht kehrte sie nach Hause zurück.

Am Abend hörte sie, wie ihre Mutter am Telefon zu einer Freundin sagte: »Kakteen liebe ich über alles.« Lisa lächelte. Nun wusste sie, worüber sich die Mutter freuen würde. Am nächsten Tag ging sie in einen Blumenladen und sagte: »Ich möchte einen Kaktus kaufen.«

»Was für ein Kaktus soll es denn sein?«

»Ein Weihnachtskaktus«, antwortete Lisa. »Ich will den Kaktus meiner Mutter zu Weihnachten schenken.«

»Wir haben eine große Auswahl an Weihnachtskakteen«, sagte die Verkäuferin. Sie zeigte ihr Weihnachtskakteen mit wunderschönen roten Blüten. Sie zeigte ihr Weihnachtskakteen, die erst Knospen hatten, und solche, die Knospen und Blüten trugen. Sie waren alle wunderbar, aber für Lisa zu teuer.

»Wie viel Geld hast du denn?«, fragte die Blumenverkäuferin.

»Sechs Euro fünfzig«, sagte Lisa leise.

»Wir finden bestimmt einen Kaktus für sechs Euro fünfzig«, meinte die Verkäuferin. Sie ging in den hinteren Ladenraum und kam mit einem Kaktus zurück, der kleiner war als die anderen im Laden. Aber er hatte vier Knospen. »Und er wächst ja«, tröstete die Verkäuferin Lisa. »Im nächsten Jahr ist er so groß wie die anderen Kakteen hier.« Sie zeigte auf die großen und üppigen Pflanzen, die in einer Reihe auf der Fensterbank standen.

Lisa war glücklich. Über etwas, das wächst, würde sich ihre

Mutter bestimmt freuen. Den Kaktus versteckte Lisa auf dem Dachboden hinter einer alten Matratze. Dort würde niemand mehr vor Weihnachten sauber machen und ihn entdecken. Wenn Lisa allein zu Hause war, nahm sie die Gießkanne, stieg auf den Dachboden und goss den Kaktus. Die erste Blüte öffnete sich, und Lisa fand sie wunderschön. Auch eine zweite Knospe blühte auf.

Am Morgen des Heiligen Abends wickelte Lisa den Kaktus in rotes Seidenpapier und stellte ihn zu den anderen Geschenken, die unter dem Tannenbaum aufgebaut waren. Als die Zeit der Bescherung kam, war Lisa sehr gespannt. Sie bat ihre Mutter, erst das rote Päckchen aufzumachen. Ihre Mutter wickelte das Geschenk vorsichtig aus und rief erfreut: »Lisa! Was für eine schöne Überraschung! Woher wusstest du, dass ich Kakteen über alles liebe?«

»Weil du es gesagt hast«, antwortete Lisa und strahlte übers ganze Gesicht.

»Es ist ein schönes Geschenk. Es bekommt einen Ehrenplatz auf der Fensterbank im Wohnzimmer«, sagte die Mutter. Nun konnte Lisa auch die Geschenke auspacken, die sie bekommen hatte. Es waren viele. Das, worüber Lisa sich am meisten gefreut hätte, war natürlich nicht dabei. Aber das hatte sie auch nicht erwartet. Sie hätte sich am meisten über einen Vater gefreut.

Aber Väter kann man nicht kaufen, in Papier einwickeln und unter den Tannenbaum legen. Sie bedankte sich bei ihrer Mutter für die Bücher, für den Pullover, für das Sagalandspiel und für die Süßigkeiten. Sie sang ein paar Weihnachtslieder, und die Mutter begleitete sie auf der Flöte. Dann bliesen sie die Lichter der Kerzen aus, und der Weihnachtsabend war vorbei.

Während der Feiertage öffneten sich auch die zwei letzten

Knospen, und dann fielen sie alle ab. Jetzt fängt er an zu wachsen, dachte Lisa.

Aber der Kaktus wuchs nicht. Es sah eher danach aus, als würde er immer kleiner und zerknitterter.

»Die Pflanze scheint sehr kraftlos zu sein«, sagte Lisas Mutter.

»Vielleicht muss sie sich vom Blühen erholen«, meinte Lisa. Sie sah den Kaktus jeden Morgen besorgt an. Er wuchs nicht. Die Blätter wurden schlapp und hingen traurig herab.

»Vielleicht braucht er mehr Wasser«, sagte Lisa zu ihrer Mutter.

»Kakteen brauchen nicht viel Wasser«, antwortete sie. »Nur wenn sie blühen, soll man sie gießen.«

Lisa merkte, dass die Mutter den Kaktus nicht mehr beachtete. Sie stellte ihn sogar in eine Ecke hinter der Gardine, wo ihn niemand sehen konnte. Er war auch kein erfreulicher Anblick. Das musste Lisa zugeben. Aber es tat ihr trotzdem weh, dass ihr Geschenk in der Ecke versteckt wurde.

Eines Morgens war der Kaktus verschwunden. Lisa suchte nach ihm. Sie sah auf allen Fensterbänken nach, in ihrem eigenen Zimmer, im Schlafzimmer ihrer Mutter und in der Küche. Aber sie fand ihn nicht.

Als sie abends den Mülleimer in die Mülltonne vor dem Haus leeren wollte, sah sie ihn. Der Kaktus lag auf den Küchenabfällen, auf Zwiebel- und Kartoffelschalen, zwischen Kaffeefiltern und einer verfaulten Orange. Lisas Finger reichte gerade bis zu den Blättern des Kaktus. Vorsichtig zog sie ihn heraus. Dann kippte sie den Müll in die Tonne. Sie brachte den Kaktus in ihr Zimmer.

Als ihre Mutter weg war, nahm sie einen Blumentopf aus dem Schrank, füllte ihn mit Blumenerde und pflanzte den

Kaktus wieder ein. Den Topf stellte sie in ihrem Zimmer hinter die Gardine auf die Fensterbank. Am nächsten Tag ging Lisa in eine Gärtnerei. Dort standen viele Reihen schöner, blühender Kakteen.

»Was möchtest du denn?«, fragte der Gärtner Lisa.

»Ich möchte wissen, was einem Kaktus fehlt, wenn er nicht mehr wächst«, antwortete sie.

Der Gärtner sah seine blühenden Kakteen an. »Hmm, schwer zu sagen. Eigentlich machen sich Kakteen immer ganz gut. Was mich sehr wundert, denn sie sind ja in warmen Ländern zu Hause. Dort werden sie jeden Tag von der Sonne verwöhnt, und trotzdem blühen sie auch bei uns, egal, wie grau es draußen aussieht. Was hast du denn für einen Kaktus?«

»Einen Weihnachtskaktus!«

»Er müsste wachsen«, sagte der Gärtner und kratzte sich am Kopf.

»Vielleicht gibt du ihm ein wenig Kakteendünger. In dem Dünger sind Mineralien und andere Sachen drin, die den Kakteen bei uns fehlen. Natürlich keine Sonnenstrahlen! Die kann man nicht ersetzen. Und denke daran, mit deinem Kaktus zu reden. Alle Blumen blühen auf, wenn man mit ihnen redet!«

Lisa kaufte ein kleines Fläschchen Kakteendünger und gab jede Woche ein paar Tropfen davon ins Gießwasser. Sie sprach auch mit dem Kaktus. Nichts Besonderes, was ihr eben so einfiel und was man so mit Kakteen redet. »Ich weiß, dass du aus einem fernen Land kommst, wo immer die Sonne scheint. Mein Vater ist auch aus der Türkei gekommen. Und er ist auch wieder in die Türkei gefahren, weil er Heimweh hatte. Aber du kannst nicht fliegen. Du musst hierbleiben. Wenn du etwas größer und kräftiger bist, gefällt es dir bestimmt ganz gut bei uns. Und meine Mutter wird sich freuen, wenn sie sieht, dass du zu einer wunderschönen Pflanze herangewachsen bist. Ob sie dich wiedererkennt? Ob ich wohl eines Tages einen neuen Vater bekomme? Was meinst du?«

Der Kaktus antwortete nicht auf diese und auch nicht auf die anderen Fragen von Lisa. Er wuchs auch nicht. Aber er schrumpfte nicht mehr.

Lisa sprach mit ihm und wartete. Nach vielen Wochen entdeckte sie endlich ein frisches zartgrünes Blatt an der Pflanze. Vor lauter Freude schlug ihr Herz etwas schneller, und am liebsten hätte sie den Kaktus gestreichelt. Aber Kakteen streichelt man nicht. Man kann sie nicht einmal richtig anfassen, das wusste sie ja. So gab sie ihm nur Wasser, immer nur gerade so viel, wie eine winzige Blume trinken kann.

Der Kaktus begann zu wachsen. Und er bekam Knospen. Und es wurde wieder Weihnachten. Lisa wickelte ihn in rotes Seidenpapier und stellte ihn unter den Tannenbaum zu den anderen Geschenken.

Als die Zeit der Bescherung kam, setzten sie sich auf den Fußboden vor dem Tannenbaum. Lisas Mutter nahm das rote Seidenpapierpäckchen in die Hand. Als sie aufgewickelt hatte, schwieg sie lange. Dann sah sie Lisa an und sagte: »Danke, Lisa, er ist wunderschön! Hoffentlich ist dieser Kaktus kräftiger als der vom letzten Jahr.«

»Das ist der vom letzten Jahr«, sagte Lisa und strahlte über das ganze Gesicht. »Es ist ein ganz besonders kräftiger Weihnachtskaktus.«

Regina Schwarz

Wo man Geschenke verstecken kann

Im Keller hinter Kartoffelkisten,
im Schreibtisch zwischen Computerlisten,
in alten verstaubten Bauerntruhen,
in ausgelatschten Wanderschuhen,
auf Wohnzimmerschränken, in Blumenvasen,
ja, selbst in Bäuchen von flauschigen Hasen,
in Einzelsocken, ohne Loch,
und eine Möglichkeit wäre noch,
das Geschenk unter die Matratze zu legen.
Das ist nicht so gut der Bequemlichkeit wegen.
Der Toilettenspülkasten eignet sich nicht,
denn welches Geschenk ist schon wasserdicht.
Ob sperrig, ob handlich, ob groß oder klein:
Geschenkeverstecken muss einfach sein.
Das einzig Schwierige daran ist,
dass man das Versteck so leicht vergisst.

Andreas Steinhöfel

Schöne Bescherung

Es war die Woche vor Weihnachten, da hatten Dirk und ich eine tolle Idee.

Ganz in der Nähe von unserem Haus gab es ein Altersheim, da gingen wir immer dran vorbei, wenn wir von der Schule kamen. Es lag am Stadtrand und war ganz schön groß, mit vielen Fenstern und hohen Bäumen davor. Und neben dem Altersheim stand noch ein Hochhaus, da wohnten die Pinguine drin.

Eigentlich hießen sie Diakonissen, aber wir nannten sie Pinguine, weil sie so schwarze Kleider anhatten und eine weiße Haube auf dem Kopf. Wenn es regnete, zogen sie über die Hauben auch noch durchsichtige Plastiktüten drüber, und dann sahen sie erst so richtig witzig aus.

Die Pinguine passten auf, dass die alten Leute nicht abhauten aus dem Heim, und ich konnte sie nicht leiden. Immer, wenn man sie auf dem Heimweg traf, erzählten sie vom Jesuskind, und dabei guckten sie ganz heilig.

Ich fand das Jesuskind okay, aber die Pinguine wollten immer, dass man auch so wurde, genauso lieb und alles. Deshalb gaben sie einem kleine Heftchen mit, wo doofe Bilder drin waren und Sprüche, dass man seine Feinde lieben soll und dass man ganz toll ist, wenn man was verschenkt an andere, die nichts haben.

Zum Beispiel also, dass ich meine elektrische Eisenbahn irgendeinem Blödmann schenkte, der mich womöglich verkloppen wollte, weil er selber keine hatte. Ganz schön bescheuert!

Auf jeden Fall, dieses Altersheim, da waren die ganzen Omas und Opas drin.

Und Dirk und ich hatten überlegt, weil bald Weihnachten war, wollten wir sie besuchen und ihnen kleine Geschenke machen und Lieder vorsingen. Wir wollten einen Nachmittag basteln und am anderen dann mit den Geschenken zum Altersheim gehen.

Mami fand die Idee klasse und hatte versprochen, dass sie uns Plätzchen backen würde für den Bastelnachmittag.

Es wäre klasse gewesen, wenn mein alter Blutsbruder Richard mitgemacht hätte, aber der war mit seinen Eltern im Skiurlaub. Also hatte ich Susanne gefragt, die meine beste Freundin war, ob sie mitmachen wollte.

Susanne hatte gesagt, na gut, aber nur wenn ihre Freundin Christiane ebenfalls mitmachen dürfte.

Christiane ging auch in unsere Klasse.

Und ich hatte gesagt, na ja, wenn's unbedingt sein muss, könnte sie mitkommen. Aber in Wirklichkeit war ich total aufgeregt, weil ich in Christiane verknallt war und sie später heiraten wollte. Das wusste aber nur Dirk, und er hatte geschworen, es niemandem zu erzählen.

Susanne und Christiane kamen an dem verabredeten Nachmittag um drei Uhr.

Christiane sah klasse aus. Sie hatte ganz lange schwarze Haare, die waren immer entweder ein Zopf oder ein Pferdeschwanz. Heute trug sie den Pferdeschwanz.

Susanne hatte kurze braune Haare und eine Zahnspange und eine dicke Brille.

Wir fingen gleich an mit der Arbeit, weil wir nicht genau wussten, wie viele Leute in dem Altersheim wohnten, und deswegen ziemlich viele Geschenke basteln wollten.

Mami hatte wirklich ein riesiges Tablett voll mit Keksen gebacken, das stellte sie uns auf den Tisch. Sie steckte die Kerzen vom Adventskranz an, und es war total gemütlich.

Wir klebten lauter Sterne aus buntem Papier zusammen, außerdem noch goldene und silberne aus Folie. Kleine Ketten machten wir auch, aus Bindfäden und glitzernden Perlen, und dann noch Sterne aus Strohhalmen.

Mami sagte, wir könnten ja schon mal die Weihnachtslieder üben, während wir bastelten.

Dirk wollte angeben und sang gleich los, *Lasst uns froh und munter sein*, aber weil er dabei gerade ein großes Stück Keks im Mund hatte, verschluckte er sich. Er kriegte einen ganz roten Kopf und machte komische Geräusche. Mami sah jetzt gar nicht mehr froh und munter aus. Sie schlug Dirk fest auf den Rücken und packte ihm mit den Fingern in seinen Mund. Kann sein, dass Dirk gedacht hat, sie hätte noch einen Keks reingesteckt. Jedenfalls biss er zu.

Mami schrie, aber sie ließ nicht locker, und plötzlich war das Stück Keks wieder draußen, mit ganz viel Spucke dabei.

Erst waren wir alle ganz erschrocken gewesen. Aber dann mussten wir lachen, und Dirk lachte mit. Er verdrehte die Augen und gurgelte dabei rum, als hätte er immer noch Keks im Hals stecken.

Wir sangen dann noch andere Weihnachtslieder, und Susanne hörte sich witzig an, wegen der Zahnspange. Zwischendurch stopften wir die Plätzchen in uns rein. Wir bastelten, bis es draußen dunkel war, und schließlich hatten wir einen ganzen Karton voll mit Geschenken.

Ich sagte, ich würde mich als Nikolaus verkleiden, dann könnten wir die Geschenke richtig in einen Sack packen.

Susanne sagte, das wäre eine gute Idee, sie wäre dann das Christkind.

Und schon gab es Streit.

Dirk wollte nämlich auch Christkind sein, aber Susanne sagte, du spinnst, das Christkind ist ein Mädchen mit langen blonden Locken.

Dirk sagte, erstens hätte Susanne keine blonden Locken und zweitens hätte das Christkind einen Pimmel, also wäre es ein Junge.

Aber Christiane meinte, das Christkind wäre doch ein Mädchen, allerdings hätte es lange schwarze Haare und keine Zahnspange und es wäre auch keine blöde Brillenkuh und deswegen müsste sie es sein.

Dirk sagte, Quatsch, das Christkind hätte keine blonden Haare und auch keine schwarzen, sondern eine Glatze, und außerdem hätte es hundertprozentig doch einen Pimmel. Aber da hatte Susanne Christiane schon eine gescheuert, weil sie blöde Brillenkuh gesagt hatte.

Christiane nahm einen von den Keksen und schmiss ihn Susanne an den Kopf, und Susanne haute ihr eine von den Perlenketten um die Ohren. Wäre Mami nicht dazwischengegangen, hätten die beiden womöglich alle Geschenke kaputt gemacht.

Mami sagte, das wäre doch alles kein Problem, dann gäbe es eben zwei Christkinder und zwei Nikoläuse und der zweite Nikolaus wäre Dirk.

Dirk sagte, na gut, aber das Christkind hätte doch einen Pimmel und dass er sich nur als Nikolaus verkleiden würde, weil er keine Lust hätte, sich eine Glatze zu schneiden.

Susanne und Christiane motzten noch eine Weile, aber als Mami sie später nach Hause brachte, hatten sie sich wieder vertragen.

Am nächsten Tag waren Dirk und ich total aufgeregt.

Wir sahen super aus als Nikoläuse. Mami hatte uns die roten Bademäntel von sich und Papi gegeben, die zogen wir über unsere richtigen Anziehsachen. Sie waren ein bisschen zu lang und schleiften auf dem Boden; sie hatten auch keine Kapuzen, deswegen zogen wir unsere Pudelmützen auf. Die waren zwar leider nicht rot, sondern blau mit Grün drin, aber besser als nichts. Dafür hatten wir uns aber Bärte aus Watte angeklebt, und Mami hatte uns mit Lippenstift die Backen rot angemalt, was toll aussah. Die Geschenke waren in einen richtigen Kartoffelsack verpackt, ganz vorsichtig, damit sie nicht zerquetschten.

Dann kamen Christiane und Susanne.

Christianes Mutter hatte ihr aus einem alten Bettlaken ein richtiges weißes Kleid genäht, und sie hatte Locken in ihrem schwarzen Haar und eine goldene Krone drauf. Es war absolut klasse, und ich war noch viel verliebter in sie als vorher.

Susanne sah nicht so richtig aus wie ein Christkind. Sie trug eine blonde Faschingsperücke mit langen Locken dran, die ihr über die Brille hingen.

Als Kleid hatte sie auch ein Bettlaken, aber das war nicht genäht, sondern nur umgehängt. Und der Knüller war, dass sie dort, wo das Laken auf ihrem Rücken hing, zwei Flügel aus Pappe festgemacht hatte. Außerdem hatte sie rote Gummistiefel an, und eigentlich tat es mir richtig leid, dass sie so doof aussah.

Aber Susanne fand es prima, und Mami sagte, wir wären die besten Nikoläuse und Christkinder, die sie je gesehen hätte.

Dann ging es endlich los.

Anstatt die Straße zu benutzen, nahmen wir eine Abkürzung durch den Wald.

Das dauerte zwar nur zehn Minuten, aber dafür mussten wir durch den hohen Schnee stapfen. Ich trug den Sack mit den Geschenken auf dem Rücken.

Der Wald sah schön aus, alle Bäume waren weiß. Ab und zu fielen kleine Schneeklumpen aus ihren Zweigen. Wir waren schon fast am Altersheim angekommen, da fiel Dirk ein, dass ein Nikolaus auch eine Rute braucht.

Susanne sagte, wir könnten ja einfach Zweige von einem Baum abmachen.

Sie stellte sich unter eine große Tanne und sagte, von dem da.

Dirk und ich stellten uns neben Susanne, und Dirk zog an einem kleinen Ast.

Schneeflöckchen rieselten runter, aber der Ast ging nicht ab. Dirk zog an einem größeren Ast. Da fielen auch Schneeflöckchen runter, und dann krachte der Ast ab, und eine riesige Ladung Schnee prasselte von der Tanne.

Susanne kriegte am meisten ab. Sie hatte einen richtigen Schneehaufen auf ihrer Perücke, ihr Laken war verrutscht, und ein Flügel baumelte runter. Wir versuchten, ihn wieder festzumachen, aber er wollte einfach nicht halten.

Susanne fand es auch nicht so schlimm und lachte, aber Christiane sagte, sie sähe aus wie eine lahme Ente. Das fand ich doof von Christiane, vor allem weil sie gar nichts abgekriegt hatte von dem Schnee und Susanne so viel, da musste sie ja nicht noch blöde Witze machen.

Dirk und mich hatte es nur leicht erwischt, wir konnten den Schnee ganz locker von uns runterschütteln.

Und immerhin hatten wir jetzt den großen Ast. Wir rissen zwei Zweige ab, das waren die Nikolausruten, und sie waren prima.

Und dann gingen wir zum Altersheim.

Die wollten uns da erst nicht reinlassen!

Wir hatten geklingelt, und die Pinguine machten nicht auf, obwohl wir schon fünf Minuten gesungen hatten, *öffnet uns die Türen, lasst uns nicht erfrieren.*

Nix zu machen.

Ich dachte, typisch, blöde Heftchen verschenken und vom Jesuskind erzählen, aber kleine Kinder vor der Tür erfrieren lassen, als es auf einmal in der Sprechanlage knackte und eine Stimme fragte, was wir wollten.

Ich sagte, schönen guten Tag, hier ist der Nikolaus und zwei Christkinder und noch ein Nikolaus, wir haben Geschenke für die alten Leute.

Eine Weile passierte gar nichts. Dann ging endlich die Tür auf.

Eine von den Pinguinen guckte raus und sagte, na, so was, ihr Kinder, dann kommt mal rein.

Irgendwie hatte ich auf einmal keine Lust mehr, aber jetzt war es zu spät.

Wir gingen rein in eine Halle, und da standen noch mehr Pinguine rum und ein großer Weihnachtsbaum.

Alle grinsten uns an und sagten, na, so was, ihr Kinder, was wollt ihr denn hier? Dann guckten sie alle Christiane an und riefen, na, so was, nein, wie niedlich, ein richtiges Engelchen, und Christiane machte einen Knicks und lächelte und schüttelte ihre schwarzen Locken.

Das fanden sie toll, die Pinguine. Aber dann fragten sie noch mal, was wir denn wollten, und da wurde Dirk richtig sauer. Er schnauzte sie an, ob sie nicht sehen könnten, wen sie vor sich hätten, und sie sollten uns jetzt gefälligst sofort zu den alten Omas und Opas bringen, sonst gäb's was mit der Rute auf den Hintern.

Ich dachte, o Mann, jetzt schmeißen sie uns raus. Aber die Pinguine riefen schon wieder, nein, wie niedlich! Das ging mir total auf die Nerven, und am liebsten hätte ich sie wirklich mit der Rute verkloppt, weil sie so taten, als wären wir kleine Babys und nicht ganz richtig im Kopf.

Eine war dann aber ganz nett. Die sagte, also, ich bin die Schwester Erika, dann will ich euch mal unseren Alten zeigen, die werden sich bestimmt freuen.

Wir marschierten eine Treppe rauf, und Gott sei Dank blieben die anderen Pinguine alle unten in der Halle stehen. Eine kam mit einem Putzlumpen um die Ecke, weil der Fußboden klatschnass war, wo Dirk und ich unsere Bademäntel drübergeschleift hatten.

Oben ging es durch einen langen Flur, wo es roch wie in einer Apotheke oder beim Zahnarzt.

Schwester Erika klopfte kurz an eine Tür, öffnete sie und sagte, so, Frau Sommer, nun gucken Sie mal, wer Sie besuchen kommt, da freuen wir uns aber!

Wir gingen hinterher in das Zimmer, und da lag Frau Sommer in ihrem Bett.

Sie war ganz alt und hatte kaum noch Haare, und sie zitterte ein bisschen und guckte uns an. Das Zimmer war klein und düster. Es war nur noch ein Schrank drin und ein Stuhl und ein Tisch. Auf dem Tisch stand ein Teller mit ein paar Tannenzweigen und einer Kerze drauf, die aber nicht brannte, und darüber hing ein altes Foto an der Wand, mit einer jungen Frau und einem jungen Mann drauf, die sich anlächelten.

Mir war ganz komisch. Aber Susanne ging zu Frau Sommer hin und sagte, wir hätten was für sie. Dann fing sie einfach an zu singen, *O Tannenbaum, o Tannenbaum.*

Wegen ihrer Zahnspange hörte es sich an wie O Kannengaum, o Kannengaum, und aus ihrer Perücke tropfte es auf den Fußboden, und der rechte Pappflügel baumelte runter. Aber Frau Sommer fand es klasse, und wir sangen einfach mit.

Ich packte einen von den goldenen Sternen aus, einen Strohstern und eine Perlenkette und legte alles auf ihre Bettdecke. Da nahm Frau Sommer meine Hand in ihre Hand und weinte ein bisschen, und sie tat mir ganz leid.

Schwester Erika stand daneben und sah auch traurig aus.

Als wir mit dem Lied fertig waren, sagte sie, so, Frau Sommer, das war aber schön, nicht wahr, und dann mussten wir rausgehen.

Es ging ins nächste Zimmer und ins nächste, den ganzen Flur entlang und im zweiten Stockwerk auch, und überall sah es so ähnlich aus wie bei Frau Sommer.

Nur, manche von den alten Leuten lagen nicht krank im Bett, sondern waren putzmunter. Sie redeten mit uns und sagten, es wäre eine tolle Idee, das mit dem Singen und den Geschenken. Alle freuten sich, und manche sangen mit. Ein paar haben auch geweint.

Christiane schüttelte jedes Mal ihre Locken und machte Knickse. Nach ein paar Zimmern sang sie nicht mehr mit, was ich blöd fand.

Das letzte Zimmer gehörte einem Ehepaar.

Die waren früher beide Lehrer gewesen, sagte Schwester Erika. Der Mann guckte ganz streng und stand kerzengerade, während wir ein Lied sangen.

Seine Frau stand neben ihm, aber nicht ganz so gerade.

Als wir mit dem Singen fertig waren, sagte der Mann, recht so, recht so! Er klopfte Dirk und mir auf die Schultern und lächelte.

Christiane machte wieder einen Knicks, da klopfte er ihr und Susanne auch auf die Schultern. Susanne fiel der rechte Flügel runter. Die Frau wollte ihn ihr wieder dranmachen, aber natürlich hielt er nicht. Also sagte Susanne, sie könnte ihn behalten, als Andenken.

Sie grinste die Frau durch ihre dicke Brille an, ihre Zahnspange glitzerte, und da bückte sich die Frau und streichelte Susanne auf der Perücke und gab ihr einen Kuss auf die Backe. Christiane guckte ganz neidisch.

Schwester Erika brachte uns zurück in die Halle. Es war schon dunkel draußen, und mir tat der Hals weh vom vielen Singen. Wir hatten noch ein paar Geschenke übrig, die verteilten wir an die Pinguine, die wieder in der Halle herumstanden und uns anglotzten.

Schwester Erika sagte, sie hätte da noch was für uns, weil wir so liebe Kinder wären. Dann öffnete sie einen Schrank, der war voll mit Schokolade, von oben bis unten, und drückte jedem von uns eine Tafel in die Hand. Ich fand das sehr nett, ich liebe nämlich Schokolade, und jetzt konnte ich Schwester Erika richtig gut leiden.

Christiane machte schon wieder einen Knicks, lächelte ganz lieb und schüttelte ihre Locken mit der Goldkrone obendrauf. Und dann sagte sie zu Susanne, sie sollte ihr gefälligst ihre Tafel Schokolade auch noch geben, weil sie das schönere Christkind von beiden wäre. Sie war wohl immer noch sauer, weil Susanne einen Kuss gekriegt hatte und sie nicht, obwohl sie dauernd geknickst hatte.

Aber Susanne gab ihr die Schokolade nicht, und da wurde Christiane auf einmal richtig böse und zog ihr das Bettlaken runter. Susanne wollte es festhalten, aber sie erwischte nur noch den linken Pappflügel und riss ihn ab.

Christiane rief, so, du doofe Kuh, das haste jetzt davon! Sie schmiss das Laken auf den Boden und trampelte drauf rum.

Susanne schrie durch ihre Zahnspange, chelba goofe Guh, und haute Christiane ihre Tafel Schokolade auf den Kopf und zerballerte ihre goldene Krone. Im nächsten Moment fingen die beiden an sich zu kloppen und wälzten sich vor dem Schokoladenschrank rum.

Die Pinguine waren völlig aufgeregt und riefen, aber Kinder, wer wird sich denn schlagen, so was tut doch das Christkind nicht!

Christiane schrie, so was tut das Christkind doch, und schlug Susanne auf die Nase.

Susanne fing an zu heulen.

Dirk sagte, ey, du spinnst wohl, und gab Christiane einen heftigen Schubs.

Und schon fing Christiane auch an zu heulen, sie wäre das schönste Christkind von der Welt und nicht Susanne.

Stimmt nicht, rief Dirk, weil sie nämlich keine Glatze hätte und auch keinen Pimmel, und die Pinguine kreischten, ach du lieber Gott!

Zack, ging Christiane auf Dirk los. Sie schmiss sich auf ihn und zog ihm die Pudelmütze über die Augen, und dann haute sie ihm auf die Nase, wie vorher bei Susanne.

Die Pinguine kreischten herum und drängelten sich auf einem Haufen zusammen, anstatt dazwischenzugehen.

Dirk rief unter der Pudelmütze, ich sollte ihm gefälligst helfen, aber lieber würde ich ja meinen Bruder schlagen lassen von dem doofen Weib, weil ich in sie verliebt wäre.

Das war vielleicht peinlich!

Aber da hatte endlich Schwester Erika Christiane gepackt und sagte laut, jetzt ist aber Schluss, Fräulein!

Christiane schnauzte sie an, sie sollte ihre Pinguinfinger von ihr lassen, und gab ihr einen Schubs. Schwester Erika knallte in den Weihnachtsbaum.

Der Baum wackelte, aber er fiel nicht um. Schwester Erika schnappte nach Luft. Und dann ging sie zu Christiane und haute ihr eine runter.

Alles war plötzlich still, keiner sagte einen Pieps.

Schwester Erika fragte Christiane nach ihrem Namen, ging zum Telefon und rief ihre Mutter an, sie sollte sie abholen.

Mami hat später mit Christianes Mutter ganz lang telefoniert.

Dirk und Susanne und ich, wir saßen in der Zeit in der Küche und versuchten zu lauschen, aber es ging nicht.

Ich dachte nach über Christiane und dass ich jetzt nicht mehr in sie verliebt war. Ich dachte auch an die Omas und Opas im Altersheim und wie manchmal alles doof ist auf der Welt.

Weil, da wohnten sie in diesem hässlichen Altersheim, mit rundrum Pinguinen, die alle so taten, als wären die alten Leute kleine Babys. Dabei hatten ganz viele von ihnen Kinder, die sich nicht um sie kümmerten, das hatten sie uns erzählt. Ich dachte, wenn Papi und Mami mal so alt sind, lasse ich sie nicht in ein Altersheim ziehen, sondern sie können bei mir wohnen oder bei Dirk.

Kurz darauf kam Mami in die Küche. Sie sagte, Christiane wäre deswegen so komisch gewesen, weil sie zu Hause Probleme hätte, ihre Eltern wollten sich nämlich scheiden lassen.

Dirk meinte, das wäre egal, da könnte sie trotzdem nicht einfach anfangen zu spinnen und ihre Freunde verkloppen. Mami sagte, das hätte Christiane vielleicht nur gemacht, weil sie am liebsten ihre Eltern verkloppt hätte, aber das ging ja nicht.

Das verstand ich gut. Ich hatte mich nämlich auch mal mit Dirk geprügelt, als Papi mich angeschnauzt hatte, weil ich die Hausaufgaben nicht gemacht hatte, und da konnte Dirk ja auch nichts für.

Auf jeden Fall tat Christiane uns jetzt allen leid. Susanne sagte, na ja, vielleicht könnten sie trotzdem noch Freundinnen sein.

Und ich fand Susanne total klasse mit ihrer dicken Brille und ihrer Zahnspange, und wir haben eine Kerze ans Fenster gestellt und rausgeguckt, wie der Schnee fiel, diese unzähligen Flocken. Dann haben wir die Schokolade gegessen und die restlichen Plätzchen, und wir haben Weihnachtslieder gesungen,

O Kannengaum, o Kannengaum.

Timo Parvela

Wie nennt man den Sohn des Weihnachtsmanns?

»Wie nennt man den Sohn des Weihnachtsmanns?«, fragte Hanna.

»Wichtel?«, schlug ich vor.

Wir schauten den Lehrer an. Der Lehrer war viel zu groß für einen Wichtel. Von der Größe her hätte er höchstens ein Elf sein können. Wir wussten nur alle, dass Elfen schön sind. Wir hatten schließlich den »Herrn der Ringe« gesehen.

»Wahrscheinlich nennt man den Sohn des Weihnachtsmanns ganz einfach Weihnachtsmann junior«, vermutete Timo.

So musste es sein, beschlossen wir. Schließlich ist Timo unser Klassengenie. Außerdem fanden wir es toll, dass unser Lehrer der Sohn des Weihnachtsmanns war.

Dann mussten wir die Schneeanzüge anziehen, die uns die Wichtel mitgebracht hatten, und in die kleinen Anhänger steigen.

»Ich hab's gewusst«, sagte Mika. »Immer krieg ich was zum Anziehen vom Weihnachtsmann. Immer nur so blöde weiche Päckchen. Letztes Mal hab ich mir schon ein Snowboard gewünscht.«

Zu allem Unglück war sein Anzug auch noch so groß, dass die Ärmel fast doppelt so lang waren wie seine Arme.

Der Weg zum Haus des Weihnachtsmanns war nicht weit, aber wunderschön. Der Schnee wirbelte hinter den Schlitten auf und glitzerte wie Sternenstaub. Alles war unfassbar weiß und sauber. Der Himmel war strahlend blau, und wir mussten jedes Mal lachen, wenn die Schlitten über einen Schneehügel hüpften.

Vor dem Haus des Weihnachtsmanns hing ein buntes Schild, darauf stand: *Mattis Klein-Lappland*. Es war ein großes, rot gestrichenes Haus, und ein Stück entfernt standen Blockhütten am Ufer eines zugefrorenen Sees. Am gegenüberliegenden Seeufer konnte man ein kleines Dorf erkennen.

»Ich dachte, der Weihnachtsmann wohnt am Korvatunturi*«, wunderte sich Hanna.

»An Weihnachten wohnt er dort«, wusste Timo. »Das hier ist wahrscheinlich sein Sommerferienhaus.«

»Und die Blockhütten?«, fragte Mika.

»Hat er bauen lassen, weil seine Wichtel auch mal Sommerferien brauchen«, antwortete Timo.

»Aber jetzt ist noch kein Sommer«, sagte ich.

»Der Weihnachtsmann hat 364 Tage im Jahr Sommerferien«, erklärte Timo.

»Wenn wir hier also nicht am Korvatunturi sind, wie heißt der Ort dann?«, fragte ich.

Timo zeigte auf ein kleines Schild neben dem Briefkasten. Darauf stand: *Nenäjärvi***.

»Und wer soll Matti sein?«, fragte Tiina.

* Korvatunturi heißt übersetzt Ohrenfjäll. Es ist ein Fjäll – also ein Berg – in Lappland, und der Weihnachtsmann soll wirklich dort wohnen.

** Nenäjärvi heißt übersetzt Nasensee. Ohrenfjäll und Nasensee, das passt natürlich gut.

»Das ist der Deckname des Weihnachtsmanns. Überlegt doch mal, was passieren würde, wenn alle Kinder wüssten, dass der Weihnachtsmann in seinen Ferien hier am Nenäjärvi wohnt. Alle Kinder, die zufällig in die Gegend kämen, würden ihn doch garantiert um Geschenke außer der Reihe bitten«, erklärte Timo.

Wir nickten. Bestimmt hatte Timo recht. Timo hat so gut wie immer recht. Je mehr wir darüber nachdachten, desto sicherer waren wir uns: Wenn *wir* wüssten, wo der Weihnachtsmann seine Ferien verbringt, und wir kämen zufällig in die Nähe – klar würden wir ihn dann auch um Weihnachtsgeschenke außer der Reihe bitten. Wir würden ihm unsere Wunschliste vorbeibringen und ihn bitten, uns die Geschenke schon ein bisschen früher zu bringen. Vielleicht sogar schon im Mai ... Natürlich nur, wenn wir wirklich rein zufällig aus irgendeinem Grund in seine Nähe kämen. Zum Beispiel mit unserem Lehrer, der sich als Weihnachtsmann junior herausstellte, den der Weihnachtsmann mit seiner ganzen Klasse in sein Feriendorf holte ...

Pekka schaffte es, sich als Erster anzustellen. Wir anderen stellten uns in einer Schlange hinter ihn. Der Weihnachtsmann sah uns freundlich an und tätschelte Pekkas Kopf.

»Spricht der Weihnachtsmann eigentlich Finnisch?«, fragte Pekka über die Schulter nach hinten.

»Wie?«, sagte der Weihnachtsmann.

»Er will wissen, ob Sie Finnisch sprechen«, sagte Timo.

»Ich denke schon«, sagte der Weihnachtsmann auf Finnisch, aber er sah ein bisschen verwundert aus. »Ich kann es immer noch nicht glauben, dass du hier bist«, sagte er dann zu seinem Sohn, der gleichzeitig unser Lehrer war.

»Ich auch nicht«, sagte der Lehrer.

»Wir müssen den Kindern noch warme Unterwäsche und dicke Socken besorgen«, beschloss der Weihnachtsmann. »Auch Schals, Handschuhe und Schneestiefel.«

»Ich hab's gewusst«, schluchzte Mika. »Wieder nur weiche Päckchen.«

»Ich hätte lieber einen eigenen Motorschlitten«, sagte Pekka.

»Und ich eine neue Barbie. Die vom letzten Jahr hat keinen Kopf mehr«, sagte Hanna.

»Ich wünsche mir einen CD-Spieler«, sagte Tiina.

»Und ich wünsche mir, dass es auf der ganzen Welt keine Kriege mehr gibt«, sagte Timo, der nicht nur ein Genie, sondern auch ein besonders selbstloser Mensch ist.

»Ich versprech dir eins auf die Mütze, wenn ich keine Boxhandschuhe kriege«, sagte der Rambo.

»So, und jetzt weiß ich überhaupt nicht mehr, was ich mir wünschen wollte, weil ihr alle so lang gebraucht habt«, sagte Mika. Dann verließ er seinen Platz in der Schlange und fing an zu weinen.

»Kann ich noch tauschen?«, fragte Pekka. »Ich wünsche mir dieses Jahr doch lieber nur Geld.«

»Verstehst *du*, wovon die reden?«, fragte der Weihnachtsmann seinen Sohn.

»Ich verstehe genauso viel wie immer, also so gut wie gar nichts«, sagte der Lehrer.

»In jedem Fall: herzlich willkommen!«, sagte der Weihnachtsmann.

Wir zwinkerten dem Weihnachtsmann zu. Wir hatten verstanden. Er tat so, als würde er nichts verstehen, weil er das bei anderen Kindern, die zufällig vorbeischauten, auch so machen musste. Aber er konnte auf uns zählen. Wir würden anderen Kindern nichts verraten. Sein Geheimnis war bei uns gut aufgehoben.

Dann sagte der Weihnachtsmann, wir dürften uns Schlafplätze in den Blockhütten aussuchen. Auch der Lehrer und seine Frau durften sich eine Hütte aussuchen, aber erst später. Jetzt nahm der Weihnachtsmann die beiden an den Händen und führte sie in das große rote Haus.

Die Wichtel starteten wieder ihre Motorschlitten, winkten uns zum Abschied und fuhren in Richtung des Dorfes am anderen Ufer.

»Tschüss! Bis nächstes Weihnachten!«, riefen wir, aber die Wichtel hörten uns wahrscheinlich nicht, weil ihre Schlitten so laut brummten.

»Glaubt ihr, dass der Weihnachtsmann unsere Geschenke schon heute Nacht verteilt?«, fragte Hanna hoffnungsvoll, als wieder Stille herrschte.

»Kann gut sein. Hört mal, wenn man den Sohn des Weihnachtsmanns Weihnachtsmann junior nennt – wie nennt man dann wohl die Frau vom Weihnachtsmann junior?«, überlegte ich.

»Weihnachtsbraut«, wusste Timo.

»Der Weihnachtsmann junior und seine Weihnachtsbraut – wie romantisch!«, seufzte Hanna.

Hermien Stellmacher

Das Weihnachtswunschgeheimnis

Es war kurz vor Weihnachten. Schon am frühen Morgen waren Hase, Eule, Igel und Eichhörnchen unterwegs und sammelten fleißig Holz.

»Wir sollten dieses Jahr mal etwas ganz Besonderes machen«, sagte Hase und kratzte sich nachdenklich hinter dem Ohr.

»Wir schmücken doch wieder einen Baum!«, rief Eule. »Schaut mal! Dieser ist genau richtig!«

»Schon«, murmelte Hase. »Aber das machen wir ja immer. Ich meine, etwas wirklich Besonderes!«

»Ich habe eine Idee!«, rief Igel aufgeregt. »Wir ziehen Lose!«

»Lose?« Die anderen schauten ihn verdutzt an.

»Ja, jeder von uns malt sich selber. Und dann falten wir die Bilder zusammen, mischen sie gut durch, und jeder darf eins ziehen.«

Eule runzelte die Stirn. »Und was machen wir dann?«

»Ganz einfach«, sagte Igel. »Wenn ich das Los mit deinem Bild ziehe, Eule, bekommst du von mir ein Geschenk!«

Hase bekam leuchtende Augen. »Und wenn ich dein Los ziehe, muss ich dir etwas schenken, stimmt's?«

Igel nickte. »Genau! Wie findet ihr die Idee?«

»Toll!«, riefen seine Freunde, und sie machten sich auf den Weg zu Hase, um Lose zu malen.

Als die Lose fertig waren, faltete jeder seins zusammen. Igel mischte die Zettel, und jeder durfte sich einen nehmen.

»Man darf aber nicht verraten, wen man gezogen hat, oder?«, hakte Hase noch mal nach.

Igel schüttelte den Kopf. »Nein, sonst ist es nicht mehr so spannend!« Vorsichtig schauten sie auf ihre Zettel.

Plötzlich drehte Eule ihren Zettel um, sodass alle das Bild sehen konnten.

»He, das darf man doch nicht!«, rief Eichhörnchen erschrocken.

Aber dann sahen sie, was passiert war: Eule hatte ihr eigenes Los gezogen ...

»Und jetzt?«, fragte Hase.

»Alles noch mal von vorne«, sagte Igel und mischte die Lose erneut.

Dieses Mal hatte es geklappt. Jeder wusste nun, wen er beschenken sollte.

»Ich habe noch eine Rolle Geschenkpapier!«, rief Hase. »Die teilen wir auf, damit alle Päckchen gleich aussehen.«

»Und wo legen wir die Päckchen hin, wenn sie fertig sind?«, fragte Eichhörnchen.

»Am besten in den großen hohlen Baum«, schlug Eule vor. »In einen Korb!«

»Genau!«, rief Igel. »Dann weiß niemand, wer welches Päckchen dort hingelegt hat!«

Igel machte sich zu Hause gleich an die Arbeit. Eule hat ja eine Menge Kerzenständer in ihrem Baum, überlegte er.

Bestimmt sammelt sie die! Er schaute sich in seiner Bastelecke um und fand, was er suchte: einen Baumstamm, eine Säge, Farbe und Klebstoff.

»Sehr gut«, sagte er zufrieden. »Das wird ein wunderschöner Kerzenständer!« Er strich sich kurz über die Stacheln.

»Hoffentlich bekomme ich keine Mütze«, murmelte er. Mützen konnte er überhaupt nicht leiden.

Kaum war Eule in ihrem Baumhaus angekommen, befreite sie den Tisch zuerst von den vielen Kerzenständern. »Warum schenkt mir meine Tante nur immer Kerzenständer ...«, seufzte sie. »Einer ist ja ganz schön, zwei gehen auch noch, aber ich habe bestimmt schon zehn Stück!« Sie legte die Zeichnung von Eichhörnchen in die Mitte des Tisches.

»Ich weiß schon, was ich Eichhörnchen schenke«, sagte sie vergnügt und rieb sich die Flügel. »Eine Umhängetasche! Dann hat es beim Nüssesammeln immer die Pfoten frei.«

Im Baum nebenan wühlte Eichhörnchen in seiner Sammelkiste. Darin lagen lauter Sachen, die es selber nicht brauchen konnte: ein alter Hut, der ihm immer vom Kopf flog, eine Umhängetasche, mit der es immer in den Ästen hängen blieb, ein gelbes Tuch ...

»Ja, ich mache für Hase ein schickes Halstuch!«, rief Eichhörnchen glücklich. Die anderen Sachen stopfte es zurück in die Kiste. »So wie der immer rumrennt, bekommt er bestimmt leicht Halsweh im Winter!«

Dann legte Eichhörnchen los und machte aus dem Tuch ein tolles Weihnachtsgeschenk.

Währenddessen schaute Hase sich in seinem Bau um. Worüber würde Igel sich freuen?

»Da hängt ja die Idee!«, rief er zufrieden und nahm seinen langen Strickschal. »Schals sind doof, da latsche ich immer drauf«, sagte er zu sich selbst. »Aber wenn ich ihn auftrenne, kann ich mit der Wolle eine kuschelige Mütze für Igel stricken.

Der friert bestimmt im Winter mit seinen Stacheln.« Schon bald war die Mütze zur Hälfte fertig.

»Oh, wird die schön!«, seufzte Hase. »Am liebsten würde ich sie selber behalten!«

Als alle Päckchen schon im hohlen Baum lagen, kam ein kleiner Dachs daher. Er war ganz aufgeregt wegen Weihnachten.

»Ui! Geschenke!«, rief der kleine Dachs und nahm die Päckchen aus dem Korb. Was da wohl drin ist?, überlegte er. Ob die für mich sind?

Schon bald hielt er es vor lauter Neugierde nicht mehr aus und machte ratzfatz alle Päckchen auf!

»Was hast du denn jetzt schon wieder angestellt?«

Der kleine Dachs zuckte zusammen. Neben ihm tauchte sein großer Bruder auf.

»Du kannst doch nicht einfach diese Päckchen aufmachen?!«, rief er entsetzt. »Die sind nicht für dich!«

»Aber es ist bald Weihnachten«, stammelte der kleine Dachs. »Und da habe ich gedacht ...«

»Diese Päckchen sind für andere Tiere!«, rief sein Bruder und zeigte auf die Bilder, die im Schnee herumlagen. »Was machen wir denn nun?!«

»W-wir könnten die Sachen wieder einpacken«, stammelte der kleine Dachs. »D-dann merkt bestimmt keiner was.«

Sein Bruder kratzte sich am Kopf. »Ja, aber weißt du denn noch, wie die Sachen zusammengehören?«

»Klar!«, schummelte der kleine Dachs und bekam rote Ohren. »Das ist ganz einfach!«

Und eine Viertelstunde später lagen alle Päckchen wieder im Korb.

Endlich war es Heiligabend. Als es dunkel wurde, holten Hase und Eichhörnchen den Korb mit den Geschenken, und Eule verteilte die Päckchen.

»Das ist bestimmt ein super Geschenk!«, sagte Hase und schnüffelte am Papier.

»Ich glaube, meins auch!«, rief Eichhörnchen aufgeregt. »Darf ich zuerst auspacken?«

»Ein Kerzenständer!«, rief Eichhörnchen. »Ist der schön!«

Igel wusste nicht, wie ihm geschah. »Ja, aber-aber«, stotterte er. Doch dann sah er die strahlenden Augen seines Freundes. »Aber ... aber freust du dich denn?«, fuhr er fort.

Eichhörnchen nickte. »Und wie!«, seufzte es. »So einen bunten Kerzenständer habe ich mir schon immer gewünscht!«

Dann durfte Eule auspacken. Umständlich zupfte sie an der Schleife herum, doch dann rief sie:

»Oh, das ist ja das schickste Tuch, das ich je gesehen habe!«

Hase nickte. »Das passt genau zu deinen Federn!«

Eichhörnchen und Igel brachten keinen Ton heraus. »M-magst du denn überhaupt Tücher?«, stotterte Eichhörnchen.

»Und wie!«, rief Eule und hielt das Tuch hoch. »Schaut mal! Ist es nicht klasse?«

»Jetzt bin ich aber dran!«, rief Igel und riss das Papier von seinem Geschenk. Freudestrahlend hielt er die Tasche hoch. »Super! So was kann ich gut gebrauchen!« Er hängte sie sich gleich um und lief durchs Zimmer.

»Sieht stark aus!«, rief Eichhörnchen. »Dreh dich mal um!«

Die verblüfften Gesichter von Eule und Hase sahen sie nicht.

»Und jetzt ich!«, rief Hase und machte die Schnur ab. »Es ist ...« Langsam öffnete er das Päckchen. »... eine Mütze!« Verdutzt schaute er auf das Geschenk, dann grinste er breit. »Und was für eine wunderbare Mütze!«

»Und?«, fragte Eichhörnchen vorsichtig. »Freust du dich?«

»Und wie!«, rief Hase. »Wer würde sich über so 'ne Mütze nicht freuen?«

»Ich«, rief Igel. »Mützen verhaken sich nämlich immer ganz schlimm in meinen Stacheln, weißt du!«

Da staunte Hase aber.

Nach der Bescherung liefen sie zusammen in den Wald hinaus. Wie jedes Jahr hatte Eule eine Tanne mit Kerzen geschmückt. Die Freunde machten es sich mit einem Becher heißen Tee so richtig gemütlich.

»Irgendwie ist die Weihnachtszeit schon eine geheimnisvolle Zeit, oder?«, grübelte Igel.

»Oh ja!«, sagte Hase. »Sehr geheimnisvoll sogar!«, und zog sich seine neue Mütze fest über die Ohren.

Antonie Schneider

Wem gehört der Schnee?

Wenn es schneit in Jerusalem, wundern sich die Kamele. Die Kirchtürme bekommen weiße Spitzen. Der Felsendom eine weiße Mütze und die Klagemauer eine weiße Decke.

Die Kinder freuen sich, denn sie haben schulfrei, wenn es schneit.

Aber es schneit nur sehr selten in Jerusalem. Letzte Nacht hat es geschneit.

Am Morgen eilen die Soldaten, die Händler, die Gläubigen, die Pilger und die Touristen durch die schneebedeckten Gassen.

Die Soldaten tragen ihre Waffen, die Nonnen schürzen ihre Röcke, die Gläubigen halten ihre Hüte fest, und die Touristen machen Bilder.

Die Kirchenglocken läuten, der Muezzin ruft, die Händler bieten ihre Waren feil. Die Kinder spielen in den Gassen und teilen den kostbaren Schnee auf.

»Da darfst du hin«, sagt Samir zu Rafi.

»Da ist die Grenze.« Mira zeichnet mit einem Stock eine Linie durch den Schnee.

Rafi, Mira und Samir häufen Schnee auf und bewachen ihn. Aber der Schnee schmilzt. »Gib mir was von deinem Schnee!«, ruft Rafi.

»Nein, das ist meiner!«, sagt Mira.

»Nein, meiner!«, ruft Samir.

»Wem gehört der Schnee?«, fragt Rafi.

»Mir«, sagt Samir.

»Woher kommt der Schnee?«, fragt Mira.

»Wer hat den Schnee gemacht?«

»Mein Gott hat es schneien lassen!«, sagt Rafi.

»Mein Gott war das!«, sagt Mira.

»Mein Gott«, sagt Samir, »der ist nämlich der echte. Mir gehört der Schnee!«

»Nein, mir«, sagt Rafi, »mein Gott ist der echteste!«

»Dein Schnee ist nicht der richtige, mein Gott ist der echte!«, sagt Mira.

»Mein Schnee ist besser als deiner«, behauptet Rafi.

»Mein Schnee ist der beste von allen«, verkündet Samir.

Die Kinder betrachten den Schnee in ihren Händen. Sie können keinen Unterschied erkennen, aber es muss doch einen Unterschied geben.

Der Schnee ist weiß. Einfach weiß.

»Wir müssen herausfinden, welcher Schnee der echte ist«, sagt Mira.

»Und wem er gehört«, sagt Rafi.

»Ich frag den Imam«, sagt Samir, »der weiß die Antwort!« Er läuft mit dem Schnee in den Händen zur Moschee.

»Ich frag den Priester«, sagt Mira, »der weiß die Antwort.« Sie rennt mit einer Mütze voll Schnee zur Kirche.

»Ich frag den Rabbi«, sagt Rafi. Er füllt seinen Rucksack voll mit Schnee und rennt zur Synagoge.

»Nun zeig mir den Schnee«, sagt der Imam.

Doch Samir hält nur Wasser in den Händen.

»Nun zeig mir den Schnee«, sagt der Priester.

Doch Mira hält nur eine nasse Mütze in der Hand.

»Nun zeig mir den Schnee«, sagt der Rabbi.

Doch Rafi hält nur noch einen tropfenden Rucksack in den Händen.

»Der Schnee hat ein Geheimnis«, sagt der Rabbi.

Der Imam sagt: »Ein Geheimnis wie Gott! Er ist da, er lässt sich nicht festhalten.«

»Wenn man versucht, das Geheimnis zu beweisen, verliert man es«, sagt der Priester.

Die Kinder sind traurig. Mit leeren Händen kehren sie in die Gasse zurück.

Auf den Steinen fließen nur noch Rinnsale.

»Wo ist der Schnee hin?«, fragt Mira.

»Wir hätten uns an ihm freuen sollen«, sagt Rafi, »solange er da war.«

»Wir hätten mit ihm spielen sollen«, sagt Samir.

»Jetzt ist er weg«, sagt Mira.

»Und niemand weiß, wann er wiederkommt.«

Denn es schneit nur sehr selten in Jerusalem, das wissen alle.

Es wird schon Abend. Nachdenklich kehren die Kinder in ihre Häuser zurück.

Plötzlich fängt es wieder an zu schneien.

Alle rennen nach draußen und staunen.

Der Rabbi, der Imam und der Priester, die Soldaten, die Gläubigen, die Pilger, die Touristen, die Tiere, die Händler, sogar die Rosen schauen nach oben und staunen.

Es ist so still, es gibt genug Schnee für alle.

Isabel Abedi

Das Glück und der Schnupfen

Tief unten im Meer, dort, wo das Blau ein blaues Wunder war, lebte einst das Glück. In einer weißen Korallenhöhle war sein Zuhause, und jede Nacht, wenn der Mond am Himmel stand und die Sterne auf das Meer herabfunkelten, stieg das Glück aus seiner Korallenhöhle, schwamm an die Meeresoberfläche und machte sich auf den Weg zu den Menschen. Vor ihren Türen hinterließ es seine Spuren: winzig runde, kaum sichtbare Tropfen, man hätte sie mit Regen verwechseln können oder auch mit salzigen Tränen, und im Winter mit weißen Schneeflöckchen. Von Haus zu Haus zog das Glück, bis die Nacht Gute Nacht sagte und der Tag Guten Tag. Noch vor dem ersten Sonnenstrahl saß das Glück schon wieder in seiner Korallenhöhle und schlief bis zum Abend. So ging es schon seit vielen, vielen Jahren, und es hätte immer so weitergehen können, wenn sich das Glück nicht plötzlich den Schnupfen geholt hätte.

Es geschah in einer klirrend kalten, winterweißen Weihnachtsnacht. Der Schnupfen war gerade im Begriff, durch ein Fenster in eines der Häuser zu schlüpfen, als ihn das Glück entdeckte. Das Glück hatte noch nie einen Schnupfen gesehen und fand ihn so niedlich, dass es beschloss, ihn zur Feier des Heiligen Abends mit sich ins Meer zu nehmen. Es zeigte ihm die Fische, die Seesterne und die Schätze am Meeresgrund. Es tauchte mit ihm in das Maul eines riesigen Walfisches, der gerade gähnen musste – und als sie wieder herauskamen, brachte das Glück dem Schnupfen den Unterwasserbauchtanz bei.

Dem Schnupfen gefiel es im Meer. Hier, in dem kühlen Nass, fühlte er sich wie zu Hause, und dem Glück gefiel es auch, nicht länger alleine zu wohnen. Es ging den beiden so gut, dass sie ganz und gar vergaßen, an Land zu gehen.

Doch was bedeutete das Ausbleiben der beiden für die Menschen?

Seit der Weihnachtsnacht, in der sich das Glück den Schnupfen geholt hatte, erkälteten sich die Menschen nicht mehr, und darüber freuten sich vor allem die Kinder. Sie durften ohne kratzige Wollschals Schlitten fahren, mit nackten Händen Schneeballschlachten machen und barfuß über die zugefrorenen Seen tanzen.

Aber die Menschen hatten auch kein Glück mehr. Und das war ein großes Unglück.

Am Anfang merkten sie gar nicht, was ihnen fehlte, doch als das neue Jahr anbrach, wurden sie mit jedem Tag griesgrämiger, und nichts wollte ihnen mehr gelingen. Sie hatten kein Glück mehr mit dem Wetter, kein Glück im Spiel oder in der Liebe, ja, sie hatten nicht einmal mehr Glück im Unglück.

So wurde der Winter zum Frühjahr, das Frühjahr zum Sommer, der Sommer zum Herbst und der Herbst zum Winter. Die Welt war wieder weiß geworden, vom Himmel schwebten die Schneeflöckchen in ihren Weißröckchen zur Erde herab. Aber keine Menschenseele konnte sich an ihnen freuen. Eine große Traurigkeit hatte das Land überfallen. Das Lachen war den Menschen längst vergangen, sogar die Kinder machten traurige Gesichter, und niemand hatte Lust, sie aufzumuntern.

Bestimmt wäre alles noch viel schlimmer gekommen, wenn nicht in einer klirrend kalten, winterweißen Weihnachtsnacht ein kleiner Fischerjunge mit seinem Boot zum Eisfischen auf das Meer hinausgefahren wäre – und wenn nicht zur gleichen

Zeit das Glück mit dem Schnupfen einen Ausflug an die Meeresoberfläche gemacht hätte.

Kaum hatte der Junge seine Angel ausgeworfen, verfing sich der Schnupfen am Angelhaken. Und weil sich das Glück an ihm festhielt, wurden die beiden von dem Jungen ins Boot gezogen.

Der Fischerjunge staunte über seinen Fang.

Und das Glück staunte über den Jungen. Noch nie hatte es ein so trauriges Wesen gesehen.

»Was machst denn du für ein Gesicht?«, fragte das Glück, und dem kleinen Jungen kullerte eine dicke Träne aus dem Auge. In der Kälte gefror sie sofort zu einem Eistropfen, der im Mondlicht glitzerte und mit einem leisen Pling auf das Holz des Bootes fiel.

»Ich habe einfach kein Glück mehr«, sagte der Junge leise, »nicht einmal beim Angeln.« Er konnte ja nicht ahnen, dass er das Glück am Haken hatte, und blickte so jämmerlich drein, dass das Glück einen großen Schrecken bekam.

»Lass uns frei«, sagte das Glück zu dem kleinen Jungen, »und ab morgen wird alles wieder gut.«

Argwöhnisch sah der kleine Junge das Glück und den Schnupfen an. »Versprochen?«, fragte er.

»Versprochen«, sagte das Glück, und der Schnupfen nickte.

Da ließ der Junge die beiden ins Meer zurück. Als er sich auf den Heimweg machte, musste er niesen und fühlte sich mit einem Mal ganz glücklich.

Das Glück und der Schnupfen aber kletterten noch in derselben Nacht an Land zu den Menschen und machten sich an die Arbeit. Hand in Hand liefen sie von Haus zu Haus und hinterließen ihre Spuren. So kam es, dass in dieser Weihnachtsnacht alle Menschen zum Glück auch noch den Schnupfen bekamen. Doch der machte ihnen zum ersten Mal in ihrem Leben nichts aus.

»Hatschi«, niesten sie und lachten sich fast kaputt. Ein schöneres Geschenk hätten sie sich zum heiligen Fest nicht wünschen können.

Seit diesem Tage wohnten das Glück und der Schnupfen zwar immer noch gemeinsam im Meer. Aber jedes Mal, wenn der Tag einschlief und der Abend erwachte, kletterten die beiden aus ihrer weißen Korallenhöhle und hinterließen ihre Spuren bei den Menschen. Mal bei den einen und mal bei den anderen; mal gemeinsam und mal jeder für sich.

Und wenn sie nicht gestorben sind, dann tun sie das bis heute. Schließlich ist dies ein wirklich wahres Märchen, du kannst es selbst überprüfen.

Hattest du schon einmal Glück oder Schnupfen – oder gar beides zusammen? Dann waren die beiden vor deiner Tür.

Anna Ritter

Vom Christkind

Denkt euch, ich habe das Christkind gesehen!
Es kam aus dem Walde,
das Mützchen voll Schnee,
mit rotgefrorenem Näschen.
Die kleinen Hände taten ihm weh,
denn es trug einen Sack, der war gar schwer,
schleppte und polterte hinter ihm her.
Was drin war, möchtet ihr wissen?
Ihre Naseweise, ihr Schelmenpack –
denkt ihr, er wäre offen der Sack?
Zugebunden bis oben hin!
Doch war gewiss etwas Schönes drin!
Es roch so nach Äpfeln und Nüssen!

Jo Pestum

Der Ritt ins Morgenland

Damals war Krieg. Und als Onkel Georg am Heiligen Abend zu Besuch kam, erschrak ich so sehr, dass ich mich hinter dem Sofa versteckte. Onkel Georg hatte nämlich eine Uniform an und schwere Stiefel.

Eigentlich bewunderte ich die Soldaten und ihre Waffen und ihre Uniformen. Ja, ich wünschte mir nichts brennender, als später auch einmal ein herrlich gefährlicher Soldat zu werden. Aber dass Onkel Georg da auf einmal in einer grauen Uniform am Tisch saß, das machte ihn so fremd. Und er war doch auch noch so jung. Es dauerte mindestens eine Stunde, bis ich aus meinem Versteck kroch und das gelbe Rennauto in die Hand nahm, das Onkel Georg mir als Weihnachtsgeschenk mitgebracht hatte. Ich freute mich sehr, denn nun hatte ich schon zwei Rennautos und konnte aufregende Autorennen veranstalten: der neue gelbe Renner gegen meinen roten.

Allmählich ließ meine Scheu nach. Behutsam strich ich mit dem Finger über den rauhen Stoff der Uniformjacke. Den breiten Ledergürtel mit dem eisernen Koppelschloß hatte Onkel Georg über die Stuhllehne gehängt.

»Deine Stiefel!«, flüsterte ich. »Mann, hast du tolle Stiefel an!«

Onkel Georg nickte. »Die brauche ich auch, wenn ich übermorgen an die Front gehe. Aber nächstes Jahr zu Weihnachten, da schenke ich dir meine tollen Stiefel. Das gilt als abgemacht. Nächstes Jahr ist der Krieg vorbei, und ich komme als Sieger nach Hause. Dann bekommst du meine Stiefel.«

Das Blut schoss mir ins Gesicht. Dass Onkel Georg mir seine Soldatenstiefel schenken würde, konnte ich kaum glauben. Verwirrt fragte ich ihn: »So richtig großes Ehrenwort?«

»So richtig großes Ehrenwort, Johannes«, sagte Onkel Georg und hob die Hand zum Schwur.

»Lass mich die Stiefel mal anprobieren!« bat ich.

Onkel Georg lachte und zog sich stöhnend die schweren Stiefel von den Füßen. Die Stiefelsohlen waren mit blitzenden Nagelköpfen bespickt. Ich wusste: Damit kann man so schön knallen und klappern beim Marschieren. Onkel Georg lief nun auf Socken umher und half meiner Mutter, den Tisch zu decken. Er war ihr jüngster Bruder. Mein Vater entzündete die Kerzen am Tannenbaum.

Aber ich! Ich stieg in die tollen Stiefel. Es war ein wunderbares Gefühl, und ich kam mir unendlich stark vor. Bis zum Bauch gingen mir die Stiefel. Und ihr Geruch! Was waren schon der Kerzenschmauch und der Duft der Printen und Zimtsterne gegen diesen Geruch von Lederfett und Schweiß! Ich wusste, dass es ganz normale Soldatenstiefel waren, doch für mich wurden sie zu Reiterstiefeln von der ganz besonderen Sorte. Während ich durch die Zimmer unserer Wohnung schlurfte, träumte ich den Tagtraum vom Ritt ins Morgenland.

Ich bin der Reiter in den glänzenden Reiterstiefeln. Solche Stiefel besitzt kein anderer Reiter. Mein Pferd ist weiß wie Schnee. Ich reite in die Wüste hinein. Sand spritzt hoch unter den Hufen meines galoppierenden Schimmels. Wir werden nicht müde, mein Pferd und ich. Und dann sehe ich am Horizont die dunklen Zelte. Ich ziehe an den Zügeln. Mein Pferd geht jetzt im Schritt.

»Halt! Wohin willst du, fremder Reiter?«, ruft der Wachtposten und hebt sein Krummschwert. Er trägt ein langes Beduinengewand und hat sein Gesicht mit einem dunkelblauen Tuch verhüllt. Nur die blitzenden Augen sind zu sehen.

»Ich will zu den Heiligen Drei Königen!«, rufe ich zurück. »Weil ich nämlich eine wichtige Botschaft für sie habe.«

Da tritt ein Mann mit schwarzer Hautfarbe aus dem größten der Zelte. Er ist prachtvoll gekleidet. Ich weiß sofort, dass es sich um Kaspar handelt. Ihm folgen Melchior mit dem silbrigen Bart und Balthasar mit dem perlendurchwirkten Turban.

»Lass den stolzen Reiter mit den tollen Stiefeln durch!«, befiehlt Kaspar dem Wachtposten. Und mich fragt er: »Was willst du von uns? Was für eine Botschaft hast du?«

Ich recke mich hoch auf im Sattel. »Ich will euch nach Bethlehem führen. So lautet meine Botschaft.«

Erstaunt fragt Melchior: »Woher weißt du, daß wir auf dem Weg nach Bethlehem sind? Unsere Reise ist doch geheim.«

»Einer wie ich weiß fast alles«, antworte ich bescheiden.

Balthasar hebt die Hände. »Aber wir folgen doch dem Stern. Da brauchen wir deine Hilfe nicht. Der Stern zeigt uns den Weg nach Bethlehem.«

Auf diesen Einwand habe ich nur gewartet. Ich lache laut. »Schön und gut, die Sache mit dem Stern. Aber der Stern leuchtet doch nur in der Nacht, und nachts kommt ihr bloß mühsam vorwärts mit eurem Gefolge. Weil ich jedoch genau den Weg kenne, werde ich euch führen. Bei Tageslicht reist es sich leichter. Also, vergesst den Stern!«

Da stecken die Drei Könige die Köpfe zusammen und flüstern aufgeregt miteinander. Dann rufen sie im Chor: »Wir folgen dir, denn wir sind in Eile!«

Schnell wird das Lager abgebaut. Die Gefolgsleute der Drei

Könige bepacken die Lastesel und besteigen ihre Pferde. Es sind edle Tiere, doch mein weißes Pferd übertrifft sie alle. Die Drei Könige reiten auf Kamelen.

Ich führe die Karawane an. Der Weg aus dem Morgenland nach Bethlehem ist weit. Es geht über hohe Berge und durch tiefe Schluchten, vorbei an gefährlichen Mooren und über dürres Steppenland. Aber ich kenne mich aus, selbst in den finstersten Wäldern. In den Nächten rasten wir nur kurz, denn wir sind in Eile. Die Drei Könige vertrauen mir zwar, aber es beruhigt sie doch, wenn sie nachts den Stern sehen.

Am späten Abend des siebten Reisetages erreichen wir die Stadt Bethlehem. Den Stall finde ich leicht, denn haargenau über mir bleibt der Stern stehen. Ich bin ein bisschen aufgeregt, als ich behutsam die Stalltür öffne.

»Wer bist denn du?«, fragt Maria erstaunt.

»Ich bin der Johannes«, sage ich, »und ich habe die Heiligen Drei Könige zu euch geführt.«

»Oh, sind sie schon gekommen?« Maria freut sich. »Wir hatten eigentlich erst später mit ihnen gerechnet. Was für feine Stiefel du hast, Johannes!«

Josef hat gerade den Ochsen und den Esel mit Heu gefüttert. Er fährt sich mit den Fingern durch den Bart. »Sag mal, habt ihr auch Gold, Weihrauch und Myrrhe mitgebracht?«

»Klar«, sage ich, »jede Menge!«

Da lächelt Josef zufrieden. »Das ist gut. Wir brauchen die Sachen nämlich dringend.«

Maria hebt den Säugling aus der Krippe und hält ihn hoch. »Sieh mal, Johannes, das ist das Kind. Gefällt es dir?«

Und ob mir das Kind gefällt! Es hat goldene Locken und schaut mich freundlich an. »Es ist das schönste Kind, das ich je gesehen habe«, flüstere ich beeindruckt.

»Wir wollen das Kind Jesus nennen«, sagt Maria. »Wie findest du den Namen?«

»Sehr gut. Er passt zu dem Kind.« Und ganz leise, damit nur ich es hören kann, füge ich hinzu: »Eigentlich hatte ich es auch nicht anders erwartet.«

Jetzt betreten die Drei Könige den Stall und überreichen ihre Geschenke. Dann fallen sie auf die Knie und fangen an, das Kind anzubeten. Engel kommen in Scharen geflattert und singen süße Lieder. Ich stehe ganz still da in meinen Reiterstiefeln und fühle, dass ich verzaubert bin.

Irgendwann bin ich auf dem Sofa eingeschlafen. Ich merkte es nicht, dass meine Eltern mich zu Bett brachten. Als ich am Weihnachtsmorgen aufwachte, war Onkel Georg schon fort. Wo die Stiefel neben dem Sofa zuletzt gestanden hatten, fand ich eine Nachricht von Onkel Georg. Meine Mutter las mir vor, was auf dem Zettel stand: *Versprochen ist versprochen!*

Aber Onkel Georg hat sein Versprechen nicht gehalten. Der Krieg war nach einem Jahr nicht zu Ende, und Onkel Georg kam nicht als Sieger nach Hause. Er ist überhaupt nicht mehr nach Hause gekommen. Wo er das Leben verloren hat, haben wir nie erfahren. Ich verstand das alles erst, als ich größer war. Da hasste ich die Männer, die die Schuld hatten an dem schrecklichen Krieg. Ich wollte nicht mehr Soldat werden, und ich wollte niemals mehr Stiefel haben.

Jedes Jahr zu Weihnachten muss ich an Onkel Georg denken und an meinen Ritt ins Morgenland. Dann bin ich traurig und fühle mich für einen Augenblick wieder wie ein Kind, obwohl das alles doch schon so lange her ist.

Martina Wildner

Als einmal an Heiligabend Mama verschwand

Es war alles wie immer. Auf unserem Balkon stand seit zwei Tagen der schönste Tannenbaum der Welt, den wie immer Ida ausgesucht hatte. Papa hätte wahrscheinlich eine Fichte genommen, Mama eine kleinere Fichte. Ich selber habe beim Thema Baum nichts zu sagen.

Nach dem Frühstück ging Papa auf den Balkon und holte den Baum herein. Er stellte ihn in den Ständer und versuchte, ihn festzuschrauben. Dabei schimpfte er auf den Ständer (Schrott!), auf den Baum (schief!) und auf Ida (hippel nicht rum!). Auch das war jedes Jahr so.

Als der Baum endlich stand, war Ida dran. Sie ist die Schmückchefin, seit sie eine Christbaumkugel halten kann, ohne sie sofort zu zerdrücken. Ida ist wirklich begabt! Sie könnte auch leere Konservendosen oder ausgeleierte Unterhosen an den Baum hängen – er sähe immer festlich aus. Aber was rede ich? Ich will eigentlich nur sagen: Es war wirklich alles wie immer.

Dann ging Papa einkaufen. Wie immer sollte es am Abend Forelle blau geben. Dazu Salzkartoffeln und Selleriesalat (iiiih!).

Nach dem Mittagessen begann die Warterei. Das ist auch immer dasselbe. Man kann sich gar nicht vorstellen, wie lange vier Stunden sein können. Als Erstes sahen wir uns in Papas Arbeitszimmer einen Film auf DVD an. Danach sagte Ida: »Ich krieg bestimmt Rollerblades.«

Ich sagte: »Jetzt ist doch Winter.«

»Es ist doch gar nicht richtig Winter. Hast du den Karton gesehen, den Papa neulich angeschleppt hat? Da waren sicher Rollerblades drin.«

»Nein, das war ein Geschenk für mich.«

»Und was soll das gewesen sein?«

So ging es noch eine ganze Weile hin und her, dann spielten wir »Mensch-ärgere-Dich-nicht!«, und ich ärgerte mich ganz doll. Dann spielten wir »Turtle Odyssey« am Computer. Schließlich gingen wir in die Küche, wo Mama am Tisch saß, Zeitung las und ab und zu seufzte. Papa suchte nach neuen Handy-Klingeltönen und seufzte auch. Wir schauten zum Fenster raus und zählten Autos. Es wurden immer weniger.

Dann gingen wir mit Papa in die Immanuelkirche und sahen uns das Krippenspiel an. Danach behauptete Ida, sie habe das Jesuskind in der Krippe schreien hören. Dass beim Gottesdienst etwa zwanzig Babys anwesend waren, zählte nicht. Man kann Ida glauben oder nicht. Jedenfalls lief ab da alles anders als sonst, denn als wir nach Hause kamen, war Mama nicht da. Erst dachten wir, sie sei vielleicht noch im Wohnzimmer mit den Geschenken beschäftigt. Schließlich wissen wir alle (auch Ida!), dass der Weihnachtsmann eine Erfindung des Coca-Cola-Konzerns ist (sagt Papa). Oder eine von Scientology (meint Mama).

Doch als nach zehn Minuten immer noch nichts aus dem Wohnzimmer zu hören war, rief Papa: »Belinda?!« (Mama heißt wirklich so, das ist keine Erfindung.)

Weil niemand antwortete, öffnete Papa die Wohnzimmertür, was eigentlich streng verboten ist. Wir äugten hinein. Das Wohnzimmer befand sich in einem beunruhigenden Zustand. Der Baum stand zwar so, wie Ida ihn geschmückt hatte, aber weder auf dem Sofa noch auf dem Couchtisch noch auf der Anrichte lagen Geschenke. Nicht mal auf dem Boden. Und Mama war auch nicht da. Papa rief noch einmal: »Belinda?!«

Wir gingen ins Kinderzimmer, doch auch da war Mama nicht. Sie war auch nicht im Schlafzimmer oder im Arbeitszimmer, nicht in Kammer 1 und auch nicht in Kammer 2. Sie hatte sich nicht im Kleiderschrank versteckt und lag auch nicht in der Badewanne. Papa wurde nervös. Ratlos standen wir im Badezimmer. Da sagte Ida plötzlich: »Mamas Zahnbürste fehlt.«

Wir wandten uns zum Waschbecken um. Es fehlte auch die Zahnpasta.

»O Gott«, sagte Papa.

»Was ist?«, fragte ich mit trockenem Mund.

Papa ruft Gott nur im absoluten Ernstfall an.

»Ich glaube, ich weiß, wo sie ist.«

»Wo denn?«, fragte Ida. »Ist sie nach Buxtehude gefahren? Oder nach Texas?« Ida war der Meinung, dass Orte, die ein X enthielten, mindestens am Ende der Welt lagen.

»Viel schlimmer«, sagte Papa und rannte in Kammer 1. »Die Tasche fehlt auch. O Gott, aber warum hat sie uns keinen Zettel dagelassen?«

»Wenn sie abhauen will, wird sie uns ja wohl kaum sagen, wo sie hinfährt«, wandte Ida ein.

»Sie ist nicht abgehauen.« Papa war in die Küche gestürmt. Auch ich wurde langsam panisch.

»Wir sind alle blind!«, schrie er. Wir waren ihm gefolgt.

»Nicht dass ich wüsste«, murmelte Ida.

»Doch, auch du! Du ganz besonders«, sagte Papa und nahm Idas Mütze vom Küchentisch. Darunter lag ein Zettel in DIN-A4-Format. Darauf stand in knallroten fetten Buchstaben.

OLE WILL RAUS!! BELINDA.

»Wer ist Ole?«, fragte Ida.

»Na, das Baby«, sagte ich. Ich war sehr erleichtert.

»O Gott«, murmelte Papa wieder. Er musste sich wirklich sehr unwohl fühlen.

»Aber das ist doch toll. Da kriegen wir ein Christkind«, sagte Ida, die endlich begriffen hatte, was los war.

»Das ist nicht toll«, sagte Papa. »Ich meine, dass wir ein Baby bekommen, ist schon toll ... aber ... aber ... nicht jetzt.«

»Ja, weil jetzt die Bescherung ausfällt«, sagte Ida.

»Nein«, sagte Papa. Seine Stimme klang nur noch mittelgeduldig. »Nein, nicht deswegen. Sondern weil es zu früh ist. Viel zu früh. Sechs Wochen zu früh.«

»Aber Mama hat doch so über den Bauch gestöhnt. Jetzt hat sie ihn schneller los als erwartet«, sagte Ida.

»Ein Baby muss neun Monate im Bauch bleiben. Alles andere ist für alle Parteien höchst ungesund«, sagte Papa und stürzte auf den Flur hinaus, um seinen Mantel vom Bügel zu reißen. Dabei fielen vier Jacken auf den Boden. »Ich muss jetzt jedenfalls schnell ins Krankenhaus.« Er wickelte sich noch einen Schal um den Hals und suchte hektisch nach dem Autoschlüssel.

»Und wir?«, fragte ich.

»Ihr?«, fragte Papa verwirrt. »Ihr ... äh ... bleibt ... tja ... Ihr bleibt hier. Ihr könnt ja eure Geschenke auspacken.«

»Du spinnst wohl«, sagte ich.

»Aber ihr dürft eh nicht rein. Kinder dürfen nicht in den Kreißsaal. Es darf überhaupt nur eine Begleitperson mit rein.«

»Dann warten wir eben draußen«, schlug ich vor.

»Und die Geschenke?«, fragte Ida.

»Mann, Ida«, sagte ich und hielt ihr Jacke und Mütze hin. Ich selber war ganz schnell in den Anorak geschlüpft. Langsam fand ich die Sache richtig spannend. Papa indes wurde immer nervöser. Um ehrlich zu sein, ich habe ihn noch nie so beunruhigt gesehen, außer als Ida einmal von der Schaukel gefallen und fünf Minuten ohnmächtig war.

Papa raste los, verfluchte jeden Bummler und rief Gott bei jeder roten Ampel an, dabei ging es heute wirklich viel schneller durch die Stadt als sonst. In zehn Minuten waren wir beim Krankenhaus. Wir betraten es durch den Haupteingang. In der Eingangshalle war kein Mensch, nur ein großer, mit ein paar faden Strohsternen geschmückter Baum stand da, die elektrischen Kerzen flackerten leicht. Der Pförtner, der mit grauem Gesicht in seinem Glashäuschen saß, sah uns gelangweilt nach.

»Hier entlang«, kommandierte Papa, und wir folgten ihm gehorsam kreuz und quer durchs Krankenhaus. Irgendwie hatte ich das Gefühl, dass wir uns dauernd verliefen, doch ich sagte lieber nichts, und irgendwann waren wir schließlich doch in einem Bereich gelandet, der sich Entbindungsstation nannte. Papa folgte dem Pfeil »Zu den Kreißsälen«. Dann plötzlich endete der Gang in einem graugelb gestrichenen Warteraum mit orangefarbenen Plastiksitzen. Eine ältere Türkin saß dort mit drei kleinen Kindern.

»So, hier müsst ihr bleiben«, sagte Papa und drückte eine Klingel.

Kurz darauf öffnete eine Krankenschwester, Papa erklärte ihr die Situation.

»Ach ja«, sagte die Schwester, »da kommen Sie zehn Minuten zu spät. Darf ich Ihnen zu Ihrer kleinen Ingrid gratulieren?«

»Ingrid?«, fragte Papa. »Ich dachte, Ole.«

»Nein, Ingrid. Sie sind doch Herr Schwarz?«

»Ja, schon, aber ...«

»Super, ein Mädchen!«, rief Ida.

Papa sagte gar nichts. Dann flüsterte er. »Es lebt also?«

»Ja, alles wunderbar. Die Kleine muss nur ein paar Tage in den Brutkasten. Sie ist ja doch ein bisschen ...«

Und da verschwand plötzlich Papa. Nicht wirklich, natürlich. Er veränderte nur seine Position im Raum und lag jetzt mit geschlossenen Augen auf dem Boden.

Nachdem Papa wieder aufgewacht war, gingen wir alle in den Kreißsaal. Wir durften ausnahmsweise mit rein, weil Heiligabend war. Mama war etwas blass, und auf ihrem Bauch lag ein winziges Baby.

Ich sage euch: Ich habe noch nie zuvor ein so süßes, klitzekleines Babylein gesehen!

Arne Rautenberg
wachsen

es gibt
eine kerze
die niemand
kennt
die wird
immer größer
je länger
sie brennt
man singt
vor ihr lieder
ihrem wachs
enden lauf
sie brennt
niemals nieder
sie brennt
ewig auf

Jörg Zink

Die Nacht von Bethlehem

Als David schon ein richtiger kleiner Fischer war – es war wohl etwa ein Jahr später –, da fuhr er eines Abends wieder mit Raffael hinaus auf den See. Die beiden saßen in ihrem Boot und ließen sich hinaustreiben. Es war nur ein ganz leichter Wind, der vom Ufer herkam, und das Schiff lief wie von selbst in die richtige Richtung.

Da fragte David den Fischer: »Es gibt Leute, die sagen: Jesus kommt aus Nazaret. Andere sagen: Er kommt aus Betlehem. Er kann doch nicht aus zwei Dörfern kommen! Was ist wahr?«

Raffael schwieg eine Weile, dann sagte er: »Das ist eine seltsame Geschichte. Die will ich dir gern erzählen. Aber es ist keine Geschichte wie andere. Man muß da viel mit dem Herzen sehen, was man mit den Augen nicht sieht. Man muß da Augen haben, die sehen, was Gott tut. Wenn man die Augen nicht hat, dann versteht man nichts, und die Geschichte hat keinen Sinn.« Er schwieg wieder und sagte dann: »Laß uns erst das Netz auslegen.«

Sie zogen das Netz aus dem Bauch des Schiffes und warfen das Ende ins Wasser, dann fuhren sie einen weiten Bogen und warfen immer mehr von dem Netz aus dem Schiff, bis es wie ein großer Kreis im Wasser lag, und sie sahen nur noch die Holzklötze, die auf dem Wasser schwammen und an denen das Netz hing. Als es dunkel wurde, zündete Raffael eine Lampe an und hängte sie außen ans Schiff, damit die Fische kommen sollten. Dann warteten sie, bis sie das Netz wieder einholen könnten. Und Raffael fing an zu erzählen.

»Weißt du«, so fing er an, »weißt du, was ein Engel ist?« »Ein Engel?« fragte David. »Nein. Ich habe noch keinen gesehen.« Und Raffael redete weiter: »Es gibt viele Menschen, die mehr sehen als nur das Wasser und das Holz an unserem Boot und die Sterne über uns am Himmel. Manche sehen plötzlich ein Licht und wissen: Das ist von Gott. Das ist ein Zeichen. Da soll ich etwas merken. Und dann sagen sie: Gott hat mir etwas gezeigt. Und das Licht – das war ein Engel.«

Manche hören eine Stimme und wissen: Das kommt von Gott. Da spricht einer, und was er sagt, das geht mich an. Und dann sagen sie: Gott hat mir etwas gesagt. Durch eine Stimme. Durch einen Engel.

Viele Leute sagen: Es gibt keine Engel. Andere sagen: Es gibt Engel. Aber so kann man nicht reden. Sondern man muß fragen: Wie muß ich werden, damit Gott mit mir reden kann und damit ich einen Engel höre?

Manche Menschen sind so, daß ein Engel mit ihnen sprechen kann. Sie haben ein feineres Gehör als andere. Die Mutter von Jesus war ein solcher Mensch. Maria hieß sie. Sie wohnte droben in Nazaret.

Dort oben leben sie nicht nur in Häusern wie hier, sondern auch in Erdhöhlen. Da siehst du ein Lehmhaus, aber innen geht eine Treppe in die Erde hinunter, und du kommst in eine Höhle. Dort lebte sie. Ihr Mann hieß Joseph. Sie war noch ein junges Mädchen, und sie tat, was alle Mädchen und Frauen tun. Sie hielt ihr Haus in Ordnung, sie holte Wasser am Brunnen und machte alle die Arbeiten, die die Frauen in diesem armen Dorf tun. Die Leute sind ja viel ärmer als wir auf den Bergen droben.

Und eines Tages, als sie allein zu Hause war, in ihrer Höhle, da hörte sie eine Stimme. Sie erschrak und wußte: Das ist von Gott! Und sie hörte sagen: »Maria! Hör zu! Du wirst einen Sohn haben, der ist nicht wie andere Kinder. Gott wird ihm einen großen Auftrag geben, so daß er vielen Menschen helfen kann.« Und Maria sagte: »Ich habe gehört, was du sagst. Was Gott will, ist gut.« Ganz einfach so sagte sie. So war sie. Ganz einfach und sehr aufmerksam.

Maria sagte niemand etwas davon, und es hätte alles gehen können, wie es immer geht, wenn eine Frau ein Kind bekommt. Sie hätte zu Hause ihrem Kind ein Bettchen machen können und es zur Welt bringen und für es sorgen wie andere Frauen auch. Aber da kam etwas dazwischen.

Eines Tages kam Joseph von der Arbeit nach Hause, blieb an der Tür stehen und sagte nichts. »Was ist?« fragte Maria. »Etwas Furchtbares«, antwortete Joseph. »Wir müssen unsere Sachen zusammenpacken und nach Betlehem gehen. Wer weiß, wie lang das dauern wird!« Maria erschrak: »Das kann ich doch gar nicht. Unser Kind kommt doch in ein paar Tagen!« »Wir müssen«, sagte Joseph. »Der Kaiser hat befohlen, daß alle Leute, die irgendwo noch einen Acker besitzen, dorthin gehen, wo ihr Besitz ist, und ihn auf dem Rathaus anmelden. Und dann muß jeder zahlen. Es ist eine Steuer. Meine Familie hat Felder in Betlehem. Aber wir können ja nicht reisen. Dein Kind! Wir können auch nicht zahlen. Was haben wir schon? Aber wir müssen.« Da sagte Maria leise: »Ich glaube, daß Gott es will.«

Und so luden sie einen Wassersack auf ihre Eselin und Brot und eine Wolldecke zum Schlafen. Sie verschlossen den Eingang zu ihrer Höhle und wanderten nach Betlehem.

Das ist ein weiter Weg. Man wandert acht Tage lang oder zehn. Und weil Maria auf ihr Kind achten mußte, brauchten sie noch viel länger. Eines Abends, als sie müde waren von einem langen Tag, sagte Joseph: »Dort, wo die Lichter sind, da muß Betlehem sein.« Als sie an die Häuser kamen, sahen sie, daß die Straßen voll Menschen waren und daß viele sich am Weg zum Schlafen niedergelegt hatten, weil sie keine Unterkunft fanden. Joseph suchte ein Gasthaus und fragte überall: »Wo können wir übernachten?« Aber es war alles besetzt. »Tut mir leid«, sagte der Wirt immer. »Ich habe keinen Platz mehr.« Und so standen Maria und Joseph auf der Straße; es war eine Nacht wie heute. Die Sterne standen über ihnen, und als sie auf der anderen Seite von Betlehem ankamen, war die Straße dunkel, und sie wußten nicht, wo sie bleiben sollten.

Hier unterbrach der Fischer seine Geschichte. »Ich glaube, jetzt können wir einholen, es wird lebendig im Netz!« Raffael und David zogen das Netz ins Schiff, und es waren viele Fische darin. »Laß das Segel herunter«, rief Raffael, und David ließ die Seile los, so daß das Segel aufging und der Wind hineinblies. Und so fuhren sie durch die Nacht nach Hause. »Ich erzähle dir ein andermal weiter«, sagte Raffael, während er am Ruder saß und auf den Wind achtete. Und David dachte über die Geschichte nach, bis sie im Hafen waren, das Boot anlegten und die Fische ausluden. »Wie ging es weiter?« fragte David. »Du mußt jetzt nach Hause. Morgen vielleicht! Übrigens: Die Eselin, die mir Jesus vor ein paar Wochen in Pflege gegeben hat, die hat früher Maria gehört. Jetzt ist sie bei mir, und wenn Jesus sie braucht, holt er sie.« Und Raffael gab David die Hand und sagte: »Gute Nacht! Bis morgen!«

David ging vom Hafen die Gasse hinauf. Dort stand ein Karren und davor ein Esel. Es war Suleika, die da geduldig auf der Straße stand und wartete, bis sie lostraben sollte. »Hallo, Suleika«, sagte David und kraulte sie. »Weißt du das noch, wie das damals war, als du mit Maria und Joseph nach Betlehem getrabt bist?« Und Suleika bewegte die Ohren hin und her. Das machte sie immer, wenn sie etwas erzählen wollte. Und wer ihre Sprache verstand, konnte hören, was ihr alles einfiel:

»O ja, das weiß ich noch ganz genau«, erzählte sie. »Einen Wassersack haben sie mir aufgeladen und einen Sack Heu und noch ein paar Sachen. Und ich habe auch gesehen, daß Maria bald ein Kind bekommen würde. Das sieht man ja nicht nur bei uns, sondern auch bei den Menschen.

Und ich dachte mir: Das darf man doch nicht! Eine Frau, die ein Kind erwartet, auf eine so lange Reise schicken! Und ich habe mir vorgenommen, ganz vorsichtig zu gehen auf den steinigen Wegen, damit Maria ganz sicher auf mir sitzt.

Ich bin immer neben dem Weg gegangen, wo der Boden nicht so hart ist. Es ging ja auch alles gut. Aber als wir nach Betlehem kamen, da schliefen die Leute an der Straße, weil kein Platz in den Gasthäusern war. Zuletzt standen wir auf einem Feld bei Betlehem. Da kam ein Mann vorbei. Den fragte Joseph: ›Weißt du nicht einen Platz für uns, wo wir übernachten können?‹ Da sagte der: ›Ja, dort drüben habe ich eine Höhle für mein Vieh. Da könnt ihr bleiben.‹ Joseph und Maria bedankten sich und gingen zu der Höhle hinüber.

Als wir hineinkamen, waren ein paar Schafe da und ein Ochse. Joseph band mich neben dem Ochsen an der Futterkrippe fest. Das kannst du heute noch sehen. Auf allen Bildern, die man an Weihnachten anschaut, sind immer ein Ochse und ein Esel dabei.

Und in der Nacht kam noch das Kind. Maria wickelte es in ein Tuch und legte es in den Futterkasten, weil dort so schönes Heu lag. Aber ich konnte es kaum sehen, weil es so dunkel war.

Plötzlich kamen Schritte, und ein paar Männer polterten durch den Eingang herein. Also, ich muß sagen, das waren keine vornehmen Herren, die da vor uns standen. Rauhe, schmutzige Kerle waren das! Ich dachte mir: Wenn die nur das Kind nicht aufwecken! Und wenn sie es nur nicht anfassen mit ihren großen, groben Händen. Aber sie waren ganz freundlich, blieben am Eingang stehen und machten große Augen. Dann stotterten sie etwas von einem Engel und von einem göttlichen Kind, und daß Gott den Menschen durch dieses Kind Frieden bringen wolle. Ich glaube, sie haben selber nicht ganz verstanden, was sie da erzählten, aber sie waren ganz begeistert, und es war ihnen schrecklich wichtig. Maria begrüßte sie freundlich und zeigte ihnen das Kind. Da waren sie ganz still. Und nach einer Weile gingen sie auf den Zehenspitzen wieder hinaus in die Nacht.«

Wieder war es Abend am See Gennesaret, und David fuhr mit Raffael hinaus. »Wie ging die Geschichte weiter?« fragte David. »Die Geschichte von Joseph und Maria und dem Kind?« Und Raffael erzählte die gleiche Geschichte, die schon Suleika eingefallen war:

Ja, das war so. Maria und Joseph fanden schließlich einen Platz in einer Viehhöhle, und dort kam in der Nacht das Kind zur Welt.

Draußen auf dem Feld hatten die Hirten am Abend ihre Schafe in die Gatter getrieben, und als es Nacht wurde, legten sie sich irgendwo in der Nähe der Tiere in den Sand zum Schlafen. Was dann geschah, das kann nur der verstehen, der weiß, was ein Engel ist. Mitten in der Nacht wachten sie auf und erschraken. Irgend etwas war über ihnen am Himmel. Vielleicht ein Licht. Vielleicht eine Helligkeit wie ein Blitz. Und dann hörten sie: Fürchtet euch nicht! Ich habe ein Wort von Gott für euch: Geht nach Betlehem. Dort ist in dieser Nacht der Christus geboren, der Helfer und

Retter, der von Gott kommt. Geht, seht euch das Kind an. Es liegt in einem Futtertrog in einer Höhle.

Und dann hörten sie etwas wie Musik und hörten, wie gesungen wurde:

Freut euch an Gott droben im Himmel. Freut euch an Gott unten auf der Erde. Denn es soll Friede sein, und Gott will den Menschen Freude machen, denen, die er liebt.

Und dann war alles dunkel und still, und die Hirten wußten nicht, was das gewesen war. Aber einer sagte: »Auf, wir gehen hin! Wir sehen nach, was da geschehen ist!« Und sie ließen ihre Schafe auf der Weide und liefen nach Betlehem und fanden das Kind und Maria und Joseph und erzählten, was sie gesehen und gehört hatten und daß ihnen ein Engel von Gott erschienen sei. Maria wußte, daß es wahr ist, was die Hirten sagten, und dachte an das Wort, das sie selbst von dem Engel gehört hatte.

Heinz Janisch

Fragen zur Weihnachtszeit

Ein Kind in der Krippe.
Ein Haufen Stroh.
Das macht die Leute froh?

Ein Stall ohne Ofen.
Ein Paar ohne Geld.
Das gefällt der Welt?

Eine windschiefe Hütte.
Ein blasser Stern.
So was haben die Menschen gern?

Ein Esel, der schreit.
Ein Hirte mit Schaf?
Davor knien jetzt alle brav?

Das sind viele Fragen.
Soll ich dir ein paar Antworten sagen?

Ein Kind ist auf der Welt.
Das ist es, was allen gefällt.
Ein Kind ist da und staunt und lacht.
Das hat alle so froh gemacht!

Louisa May Alcott

Fröhliche Weihnachten

Jo wurde am Weihnachtsmorgen als erste wach. Am Kamin hingen keine Strümpfe voller Süßigkeiten, und einen Augenblick lang war sie sehr enttäuscht. Dann fiel Jo Mutters Versprechen ein. Sie steckte die Hand unter ihr Kopfkissen und zog ein kleines, rot eingebundenes Buch hervor. Es war »Die Pilgerreise«, diese wunderschöne alte Geschichte. Jo weckte Meg auf, wünschte ihr fröhliche Weihnachten und erinnerte sie an die Überraschung unter dem Kopfkissen. Meg fand ein grün eingebundenes Buch, aber es enthielt die gleiche Geschichte. Dann wurden auch Betty und Amy wach und entdeckten ihre Bücher. Bettys war hellgrau und Amys blau eingebunden. Während draußen die fahle Wintersonne langsam aufging, lasen die Mädchen schon eifrig in ihren neuen Büchern. Doch eine halbe Stunde später waren sie unten, um sich bei Mutter für die Geschenke zu bedanken.

»Wo ist Mutter?«, fragte Meg erstaunt, als sie unten nur Hanna fanden. Hanna war schon seit Megs Geburt bei der Familie March, und die Kinder liebten sie sehr.

»Das weiß der liebe Gott. Ein kleiner Junge kam und erzählte etwas von einer kranken Mutter, und schon war sie mit ihm fort, um nach dem Rechten zu sehen«, berichtete Hanna.

»Hoffentlich ist sie bald wieder da«, sagte Meg und sah zum dutzendstenmal prüfend in den Korb mit den Geschenken, den sie unter dem Sofa versteckt hatte.

»Wo ist denn Amys Flasche mit Kölnisch Wasser?«

»Sie hat sie vorhin mitgenommen. Ich glaube, sie will noch eine Schleife drum binden«, sagte Jo.

»Meine Taschentücher sind doch hübsch?« fragte Betty. »Hanna hat sie mir gewaschen und gebügelt, aber gestickt habe ich sie ganz allein!« Betty sah stolz auf die etwas ungleichen Buchstaben, die sie so viel Mühe gekostet hatten.

»Sie hat das ganze Wort ›Mutter‹ hineingestickt anstatt ›M. March‹, wie komisch!«, lachte Jo.

»Ist das nicht richtig? Ich hab' mir gedacht, so ist es besser, weil Megs Anfangsbuchstaben doch auch M. M. sind. So sieht man gleich, dass das Mutters Taschentücher sein müssen«, sagte Betty etwas besorgt.

»Das war sogar eine sehr gute Idee, Betty, das wird Mutter bestimmt gefallen«, versicherte Meg und lächelte die kleine Schwester aufmunternd an. Jo aber bekam einen vorwurfsvollen Blick.

»Da kommt Mutter, schnell fort mit dem Korb!« Die Haustür fiel zu, und eilige Schritte kamen durch den Flur.

Es war Amy.

Sie hielt verlegen inne, als sie ihre Schwestern so versammelt fand.

»Ja, wo warst du denn?«, fragte Meg ganz erstaunt darüber, dass die bequeme Amy schon am frühen Morgen freiwillig in die Kälte hinausgegangen war.

»Ich musste eine Besorgung machen«, erklärte Amy und vermied es, ihre große Schwester anzusehen.

»Mutter muss jeden Augenblick kommen. Mach schnell und hole deine Flasche Kölnisch Wasser wieder, damit wir sie in den Korb stecken können«, drängte Jo.

»Da ist sie!«, antwortete Amy und holte eine ganz andere große Flasche unter ihrem Mantel hervor.

Die Schwestern sahen sie verdutzt an.

»Ich habe die kleine Flasche gegen eine große umgetauscht und meinen ganzen Dollar dafür hergegeben. Ich wollte sie schnell in den Korb legen, damit ihr es nicht vorher merkt«, flüsterte Amy.

»Das ist aber wirklich lieb von dir«, lobte Meg. Jo schlug Amy anerkennend auf die Schulter. Betty pflückte von ihrem Christrosenstock eine schöne Blüte ab und gab sie Amy, die sie mit einer Schleife auf dem hübschen Fläschchen festband. Wieder ging die Haustür, und der Korb verschwand unter dem Sofa.

»Fröhliche Weihnachten, Mami, und hab Dank für die Bücher. Wir haben schon darin gelesen und wollen es jeden Tag tun«, begrüßten die vier ihre Mutter.

»Fröhliche Weihnachten, Kinder! Aber ehe wir mit unserem Weihnachtsfest anfangen, muss ich euch schnell etwas erzählen, man hat mich eben zu einer armen Familie gerufen. Der Vater ist auch im Krieg, und gerade jetzt zu Weihnachten ist die Mutter krank geworden und kann nicht für die Kinder sorgen. Wie wär's, wenn wir ihnen unser Weihnachtsfrühstück und ein warmes Feuer schenken würden?«

Die Mädchen waren heute besonders früh wach geworden und warteten schon seit einer Stunde auf ihr Frühstück. Sie waren sehr hungrig, und außerdem gab es heute etwas besonders Gutes, weil eben Weihnachten war. Sie sahen sich einen Moment betreten an.

Dann sagte Jo entschlossen: »Gut, dass wir nicht einfach angefangen haben, ehe du zurück warst, Mami.« Gleichzeitig schob sie die warmen Buchweizenpfannkuchen auf der großen Platte zusammen und legte die Brotscheiben daneben.

»Ich kann die Sahnekanne und Hörnchen tragen«, sagte

Amy heldenhaft. Sahne und Hörnchen mochte sie für ihr Leben gerne.

»Ich hab' gewusst, dass ich mich auf euch verlassen kann«, sagte Mrs. March zufrieden. »Ihr dürft alle mit.«

Schnell waren sie alle angezogen und machten sich auf den Weg. Es war noch sehr früh, und wegen des Feiertages waren kaum Leute unterwegs. Sie fanden eine ganz armselige Behausung vor, in der es kein warmes Feuer im Kamin und keine Feststimmung gab. Die Mutter lag mit hohem Fieber zu Bett, die Kinder waren sich selbst überlassen. Hanna hatte ein großes Bündel Holz mitgeschleppt und machte schnell ein Feuer an. Mrs. March kümmerte sich um die Mutter. Meg und Jo halfen den Kindern, sich anzuziehen. Betty und Amy packten das mitgebrachte Frühstück auf dem Tisch aus. Die Kinder stürzten sich mit Heißhunger darauf. Obwohl die vier March-Mädchen selbst hungrig zusahen, waren sie noch nie bei einer Mahlzeit so zufrieden gewesen. Die kleinen Kinder strahlten vor Freude. Amy war besonders stolz, weil sie auch zu ihr »Tante« sagten. Die kranke Mutter nannte sie »wahre Engel«. Zur Abwechslung war es wirklich sehr angenehm, einmal so gelobt zu werden, anstatt immer nur zu hören, dass man sich bessern müsse!

Zu Hause schmeckten dann Brot und Milch noch einmal so gut. Während Mrs. March zu klein gewordene Kleidungsstücke zusammensuchte, um sie am nächsten Tag der kranken Mrs. Hummel zu bringen, bereiteten die Mädchen die Überraschung für Mutter vor. Sie stellten eine Vase mit Blumen auf den Tisch und legten ihre kleinen Päckchen darunter.

»Sie kommt! Betty, fang an zu spielen! Amy, mach die Tür auf!«, rief Jo und hopste aufgeregt herum.

Betty spielte einen vergnügten Marsch, Amy riss die Tür auf.

Meg führte Mutter sehr würdevoll am Arm herein. Natürlich war die Überraschung gelungen. Die neuen Pantoffeln wurden sofort angezogen, ein neues Taschentuch gleich mit etwas Kölnisch Wasser betupft in die Tasche gesteckt. Es war wirklich schade, dass Mutter die schönen neuen Handschuhe nicht auch gleich im Hause tragen konnte.

Die Theateraufführung am Abend wurde ein großer Erfolg, die prächtigen wallenden Gewänder waren aus alten Bettlaken und mit bunten Tressen und Bändern verziert, der blitzende Silberschmuck darauf aus Stanniolpapier. Die Möbel waren schon daran gewöhnt, sich zum Theaterspielen in Schiffe, Burgen und Drachen zu verwandeln.

Ein Dutzend Mädchen saß erwartungsvoll vor dem großen blauen Vorhang. Dahinter raschelte und flüsterte es. Man hörte, wie Amy mühsam ein Kichern unterdrückte. Sie neigte dazu, in aufregenden Momenten die Ruhe zu verlieren. Dann bimmelte ein Glöckchen, und der Vorhang ging auf.

Das Stück war höchst dramatisch. Der gute Held Roderigo musste nicht nur mit seinem Rivalen, dem Bösewicht Hugo, fertigwerden, sondern obendrein auch noch mit einer bösen Hexe. Und als er die schöne Prinzessin Zara endlich aus dem Turm befreien konnte, in dem ihr hartherziger Vater sie eingesperrt hatte, da gab es leider ein Malheur auf der Bühne.

Roderigo zog aus den Tiefen seines roten Umhanges eine Strickleiter hervor. Er warf ein Ende zu Zara hinauf und bat sie herabzusteigen. Schüchtern kletterte Zara aus dem Fenster und legte eine Hand auf Roderigos Schulter. Sie wollte gerade hinunterspringen, da blieb Zara mit ihrer Schleppe im Fenster hängen, der Turm wankte, senkte sich vornüber, fiel krachend zusammen und begrub das unglückliche Liebespaar unter seinen Trümmern.

Ein Schrei ertönte aus dem Zuschauerraum. Jos Reitstiefel ragten wild strampelnd aus den Trümmern heraus. Die Stimme der lieblichen Zara rief böse: »Ich hab's dir ja gesagt, ich hab's dir ja gesagt!« Mit bewundernswerter Geistesgegenwart erschien der grausame Don Pedro auf der Bildfläche, zerrte seine Tochter Zara unter dem Wrack hervor, und zischelte ihr zu: »Lach nicht! Tu so, als ob es dazugehört!«

Die Zuschauer waren hingerissen und klatschten laut und lange. Ihre Begeisterung war noch immer auf dem Höhepunkt, als Hanna heraufkam und wie zu großen Leuten sagte: »Mrs. March lässt die jungen Damen zu Tisch bitten.«

Stolz und zufrieden gingen Zuschauer und Schauspieler hinunter. Sie hatten beim Einsturz des Turmes nicht den Kopf verloren, aber als sie jetzt ins Wohnzimmer kamen, verschlug es den March-Mädchen einen Augenblick lang doch die Sprache. So etwas hatten sie seit den längst vergangenen Tagen der Wohlhabenheit nicht mehr gesehen. Mitten auf dem Tisch standen vier Blumensträuße, wie man sie um diese Jahreszeit nur in Gewächshäusern findet. Zwei große Schüsseln Schokolade- und Vanilleeis und eine große Platte voll Kuchen und Bonbons luden zum Schmaus ein.

»Wir sind noch im Märchenspiel!«, sagte Amy.

»Der Weihnachtsmann war da!«, meinte Betty.

»Tante March hatte einen Anfall von Menschlichkeit!«, rief Jo in plötzlicher Eingebung.

»Alles verkehrt. Mr. Lawrence hat es geschickt«, sagte Mrs. March.

»Der Großvater vom Lawrence-Jungen? Aber wie ist er denn auf die Idee gekommen? Wir kennen ihn doch gar nicht!«, sagte Meg.

»Hanna hat seinem Diener von eurem Frühstücksbesuch

erzählt. Das hat dem alten Herrn gefallen. Mit meinem Vater war er vor Jahren recht gut bekannt. Heute Nachmittag hat er mir einen sehr höflichen Brief geschickt und gefragt, ob er meinen Kindern zur Ehre des Tages mit diesen Sachen eine kleine Freude machen dürfte. Ich konnte nicht ablehnen, und jetzt seid ihr für euer Frühstück ja wirklich mehr als reichlich entschädigt worden«, berichtete Mrs. March.

»Das hat ihm der Junge beigebracht, ganz bestimmt. Er ist ein netter Kerl, und ich glaube, er würde gerne mit uns spielen«, sagte Jo. »Er ist immer so allein in dem großen Haus. Einmal ist unsere kleine Katze hinübergelaufen, er hat sie wiedergebracht. Wir haben uns über den Zaun hinweg unterhalten, aber dann kam Meg, und sie tut ja immer so furchtbar erwachsen, da ist er weggegangen.«

»Das sind doch die Leute, die in dem großen alten Haus nebenan wohnen, nicht?«, sagte eines der Mädchen, die zu Besuch waren. »Meine Mutter kennt den alten Mr. Lawrence. Sie sagt, er sei furchtbar stolz und verkehre mit niemand. Er schließt seinen Enkel richtig ein, er darf nur mit seinem Privatlehrer ausgehen oder reiten. Sonst muss er immer lernen. Wir haben ihn zu unserer Kindergesellschaft eingeladen, aber er ist nicht gekommen. Mutter meint, er sei sehr nett, aber er spricht nie mit uns.«

»Er hat die Blumen selbst gebracht, und ich hätte ihn einladen sollen, etwas dazubleiben«, sagte Mrs. March. »Er hörte euch oben lachen und wäre sicher gerne mit vergnügt gewesen. Ich glaube, er hat nicht viel Spaß zu Hause, denn er hat sich im Garten ein paarmal umgedreht und recht sehnsüchtig zurückgeschaut.«

»Wir müssen uns ein anderes Spiel ausdenken und ihn dann einladen«, schlug Jo vor.

»Ich wollte, ich könnte Vater meinen Blumenstrauß schicken«, seufzte Betty. »Er hat bestimmt nicht so ein fröhliches Weihnachtsfest wie wir.«

Frida Nilsson

Frohe Weihnachten, Zwiebelchen!

Jetzt ist Weihnachten! Die Engel jauchzen, und der Kohleintopf blubbert, und Zwiebelchen hat einen Lego-Bagger von Mama bekommen! Er hat riesige Reifen, und hinter dem Lenkrad sitzt ein Männchen mit Helm.

Zwiebelchen schiebt die Schaufel rauf und runter, rauf und runter. Er sehnt sich danach, dass Karl endlich kommt. Dann kann er ihm erzählen, wie schnell er den Bagger zusammengebaut hat.

»Wie viel Uhr ist es?«, ruft er.

»Du hast doch eben erst gefragt, es ist Viertel vor«, sagt Mama, der gerade die Hackbällchen angebrannt sind. »Du musst einfach warten, er kommt ja um fünf.«

Da klopft es an der Tür! Zwiebelchen rennt schnell wie der Blitz hin und macht auf. Es ist Karl! Er zieht sich die Mütze vom Kopf.

»Ich bin ein bisschen früh dran«, sagt er.

»Frohe Weihnachten!«, sagt Mama. »Komm rein!«

»Willst du meinen Bagger sehen?«, fragt Zwiebelchen.

Das will Karl natürlich gerne. Er hängt seine Jacke auf, zieht die Stiefel aus und kommt mit in die Stube. Zwiebelchen schiebt die Schaufel hoch und zeigt Karl das Lego-Männchen. Man kann den Helm abnehmen, wenn man will.

»Ich habe ihn in einer halben Stunde zusammengebaut«, sagt Zwiebelchen.

»Hui-ui-ui«, sagt Karl.

Als sie ein Weilchen gespielt haben, ist das Essen fertig.

»Bitte schön, setzt euch«, sagt Mama. »Ich hoffe, ihr mögt schwarze Hackbällchen.«

Das tun sie beide, Zwiebelchen und Karl. Und sie mögen auch Schinken und Hering und Kartoffeln – und Karl mag sogar den Kohl. Zwiebelchen nicht. Er findet, Kohl schmeckt nach Pups.

Sie essen und essen, und Mama und Karl trinken beide ein Weihnachtsbier und albern rum. Zwiebelchen fühlt sich innerlich ganz warm und glücklich. Stell dir vor, da sitzen sie hier, alle drei!

Schließlich bekommt keiner von ihnen auch nur einen einzigen kleinen Heringsschwanz mehr herunter. Da steht Karl auf und sagt, dass er sich jetzt gerne für das Essen bedanken möchte. Er geht in die Diele, zieht seine Stiefel an, und ohne noch ein Wort zu sagen, geht er raus unters Vordach und zieht die Tür hinter sich zu.

Es dauert einen Moment, dann kommt er zurück. Er hat ein schweres, eckiges Ding unter dem Arm, das er zu Mama trägt. Eine Autobatterie!

Mamas Wangen werden ganz rot, und sie strahlt vor Freude und sagt: »Das ist doch viel zu viiiiiiel!«

»Der Einbau ist im Preis inbegriffen«, scherzt Karl – und Mama lacht.

Dann schaut Karl Zwiebelchen geheimnisvoll an.

»Für dich habe ich auch etwas«, sagt er.

Er geht wieder raus. Zwiebelchen rennt ans Fenster, aber Mama zieht ihn schnell wieder weg. Er sieht nur noch, wie Karl die Kofferraumklappe aufmacht.

»Nicht heimlich gucken«, sagt sie.

»Weißt du, was ich bekomme?«, fragt Zwiebelchen.

»Keine Ahnung«, sagt Mama.

Da geht mit einem Schwung die Tür ganz weit auf. Draußen steht Karl, groß und stark – und er hält etwas in der Hand: Hannas altes Fahrrad. Aber es sieht gar nicht mehr alt aus, sondern nagelneu! Zwiebelchen rennt hin, um es anzufassen.

»Ist das für mich?«, schreit er.

»Ja«, sagt Karl. »Deine Jacke habe ich auch, aber ich hab sie zu Hause vergessen. Frohe Weihnachten!«

Dann erzählt er, wie alles zugegangen ist. Ja, nachdem er gestern mit Mama telefoniert hatte, fuhr er los, um nach dem Rad zu suchen. Es war nicht schwer zu finden, weil es in den letzten Tagen ja ein bisschen getaut hat. Aber als er es auf Brittorp abgeben wollte, sagten sie dort, dass sie ein bisschen über alles nachgedacht und beschlossen hätten, dass Zwiebelchen das Fahrrad behalten solle! Da fuhr Karl sofort nach Hause und machte sich an die Arbeit. Er schliff den Rost weg, strich das Rad mit frischer roter Farbe und ölte die Stützräder. Jetzt könnte man meinen, es käme direkt von Tottas!

Zwiebelchen weiß nicht, was er sagen soll. Er kann gar nicht aufhören, mit den Fingern über die glänzenden Teile zu streichen, über den Sattel und die Gummigriffe. Ein Fahrrad. Eins, das ganz allein ihm gehört.

Aber trotzdem ist da etwas, das in seinem Magen nagt. Denn er weiß ja genau, warum sie auf Brittorp beschlossen haben, dass er es bekommen soll. Weil er ihnen leidtut. Weil er keinen Papa hat.

Aber sie sollen kein Mitleid mit ihm haben! Sie sollen nicht die Stirn runzeln und den Kopf schief legen! Sie sollen ganz normal gucken, wenn er an ihnen vorbeigeht. »Da geht das glückliche Zwiebelchen«, sollen sie sagen.

Er schaut Karl an, der sich mit Mama auf das Sofa gesetzt hat, um Kaffee zu trinken. Karl hat keine blonden Haare. Und seine Mundwinkel zeigen nicht nach oben. Er ist auch nicht schick. Aber vielleicht ...

Zwiebelchen schleicht sich an und zupft an Karls Hemdärmel.

»Hast du Haare auf den Schultern?«, fragt er.

»Ja ...«, sagt Karl und kratzt sich am Kinn. »Das kann man wohl sagen.«

Zwiebelchen denkt ein bisschen nach.

»Wollen wir dann sagen, dass du mein Papa bist?«, fragt er.

Karls Augen sind nicht überrascht. Sondern schmal und froh. Und jetzt zeigen seine Mundwinkel nach oben. Er schaut verstohlen zu Mama, die nickt.

»Ja«, sagt Karl. »Das wollen wir.«

Zwiebelchen ist so glücklich, dass er anfängt, im Kreis zu rennen und zu lachen. Karl lacht mit und Mama auch. Zwiebelchen rennt in die Küche und wieder raus, in die Diele und zurück, die Treppe hoch und wieder runter. Da entdeckt er draußen auf der Straße einen Nachbarn, der Ljunggren heißt. Er führt seinen Hund Gassi.

Zwiebelchen öffnet das Fenster.

»Weißt du, wer mein Papa ist? Das ist Karl von Moto-Fix!«, schreit er.

»Ach so?«, sagt Ljunggren und sieht dumm aus.

»Und, du! Weißt du, was ich von meinem Papa zu Weihnachten bekommen habe?«, schreit Zwiebelchen. »Ein Fahrrad!«

Dann macht er das Fenster zu und geht zurück zu dem gelben Sofa. Da klettert er hoch und macht es sich bequem, in der Mitte, zwischen Mama und Papa.

Felix Timmermans

Das Triptychon von den Heiligen Drei Königen

Mittelstück

Den Tag vorher, als es Abend wurde, war in dem fallenden Schnee ein knarrendes Kirmeswägelchen, das ein alter Mann und ein Hund zogen, die Straße entlanggefahren, und hinter der Fensterscheibe hatte man das bleiche Gesicht einer schmalen, jungen Frau gewahrt, die schwanger war und große, betrübte Augen hatte.

Sie waren vorbeigezogen, und wer sie gesehen hatte, dachte nicht mehr darüber nach.

Am Tage darauf war Weihnachten, und die Luft stand glasklar gefroren, zartblau über der weiten, in einen weißen Pelz vermummten Welt.

Und der lahme Hirte Suskewiet, der Aalfischer Pitjevogel mit seinem Kahlkopf und der triefäugige Bettler Schrobberbeeck gingen zu dritt die Höfe ab, als die Heiligen Drei Könige verkleidet.

Sie hatten mit sich einen Pappstern, der sich auf einer hölzernen Stange drehte, einen Strumpf, das gesammelte Geld darein zu bergen, und einen Doppelsack, um die Esssachen hineinzustecken. Ihre armseligen Röcke hatten sie umgekehrt; der Hirt hatte einen hohen Hut auf, Schrobberbeeck trug eine Blumenkrone von der Prozession her auf dem Kopfe, und Pitjevogel, der den Stern drehte, hatte sein Gesicht mit Schuhwichse eingeschmiert.

Es war ein gutes Jahr gewesen mit einem fetten Herbst: die

Bauern hatten alle ein Schwein ins Pökelfaß gelegt und saßen, ihre Pfeife schmauchend, mit Speckbäuchen vor dem heißen Herd und warteten sorglos auf den Frühling.

Der Hirte Suskewiet konnte so schöne, fromme Lieder aus alten Zeiten, Pitjevogel verstand den Stern so gleichmäßig zu drehen, und der Bettler wusste so echte, traurige Bettleraugen zu ziehen, dass, als der Mond rot heraufkam, der Fuß des Strumpfes voller Geld saß und der Sack sich blähte wie ein Blasebalg. Es steckte Brot darin, Schinkenknochen, Apfel, Birnen und Wurst.

Sie waren in fröhlichster Laune, stießen sich wechselseitig mit den Ellbogen und genossen bereits das Vergnügen, am Abend einmal ein ordentliches Glas »Vitriol« in der »Wassernixe« zu trinken und sich mit dem guten und leckeren Essen den leeren Bauch so zu runden und zu prallen, dass man einen Floh darauf würde zerquetschen können.

Erst als die Bauern die Lampe ausdrehten und gähnend schlafen gingen, hörten sie mit ihrem Singen auf und begannen, ihr Geld in dem hellen Mondenschein zu zählen.

Jungens, Jungens! Genever für eine volle Woche! Und dann konnten sie sich noch frisches Fleisch dazu kaufen und Tabak!

Den Stern auf der Schulter, stapfte der schwarze Pitjevogel flink vorauf; die beiden anderen folgten, und das Wasser lief ihnen im Munde zusammen.

Aber ihre rauen Seelen überfiel nach und nach eine seltsame Bedrücktheit. Sie schwiegen. Kam das von all dem weißen Schnee, auf den der hohe Mond so starr und bleich guckte? Oder von den mächtigen, gespenstigen Schatten der Bäume? Oder von ihren eigenen Schatten? Oder von der Stille, dieser Stille von mondbeschienenem Schnee, in der nicht einmal eine Eule sich hören ließ und kein Hund nah oder fern bellte?

Dennoch waren sie, Schwärmer und Schweifer der abgelegenen Straßen, der einsamen Ufer und Felder, so leicht nicht einzuschüchtern. Sie hatten viel Wunderbares in ihrem Leben gesehen: Irrlichter, Spuk und sogar leibhaftige Gespenster. Aber nun war es etwas anderes, etwas wie die würgende Angst vor dem Nahen eines großen Glückes.

Es drückte ihnen das Herz zusammen.

Der Bettler sagte mutig: »Ich bin nicht bange!«

»Ich auch nicht«, sagten die beiden anderen zu gleicher Zeit mit zitternden Kehlen.

»Es ist Weihnachten heute«, tröstete Pitjevogel.

»Und dann wird Gott von neuem geboren«, fügte der Hirte kindlich fromm hinzu.

»Ist es wahr, dass die Schafe dann mit dem Kopfe nach Osten stehn?«, fragte Schrobberbeeck.

»Ja, und dann singen und fliegen die Bienen.«

»Und dann könnt ihr mitten durchs Wasser sehen«, bestätigte Pitjevogel, »aber ich hab es niemals getan.«

Es war wieder diese Stille, die etwas anderes war als Stille, wie wenn eine fühlbare Seele im Mondenschein zitterte.

»Glaubt ihr, dass Gott nun wieder auf die Welt kommt?«, fragte ängstlich der Bettler und dachte dabei an seine Sünden.

»Ja«, sagte der Hirt. »Aber wo, das weiß niemand ... er kommt nur für eine Nacht.«

Ihre harten Schatten liefen nun vor ihnen her, und das vermehrte noch ihre Furcht.

Auf einmal merkten sie, dass sie sich verlaufen hatten. Schuld daran war der unendliche Schnee, der die gefrorenen Bäche, die Wege und das ganze Land überdeckt hatte.

Sie blieben stehn und sahen sich um; überall Schnee und Mondenschein und hier und da Bäume, aber kein Hof, so weit man blickte, und auch die wohlbekannte Mühle war nirgends sichtbar.

Sie hatten sich verirrt, und bei dem Mondenlicht sahen sie einer in des anderen Auge die Angst.

»Lasst uns beten«, flehte Suskewiet, der Hirt, »dann kann uns nichts Böses begegnen.«

Der Hirt und der Bettler murmelten ein Ave-Maria; Pitjevogel brummte nur so etwas vor sich hin, denn seit der ersten Kommunion hatte er das Beten verlernt.

Sie gingen um ein Gebüsch herum, und da war es, dass Pitjevogel in der Ferne friedliches Abendlicht aus einem Fensterlein strahlen sah. Ohne ein Wort zu sagen, nur froh aufatmend, gingen sie darauf zu.

Und da geschah etwas Wunderbares. Sie sahen und hörten es alle drei, aber keiner wagte davon zu sprechen.

Sie hörten Bienen summen, und unter dem Schnee, da, wo die Gräben waren, schimmerte es so hell, als brennten Lampen darunter.

Und an einer Reihe träumender Weiden stand ein lahmer Kirmeswagen, aus dessen Fenster Kerzenlicht kam.

Pitjevogel ging das Trepplein hinauf und klopfte an die Tür. Ein alter Mann mit einem harten Stoppelbart kam vertrauensvoll herbei und öffnete. Er wunderte sich gar nicht über die tollen Gewänder, den Stern und das schwarze Gesicht.

»Wir kommen, um Euch nach dem Weg zu fragen«, stotterte Pitjevogel.

»Der Weg ist hier«, sagte der Mann, »kommt nur herein!«

Verwundert über diese Antwort, folgten sie gehorsam, und da sahen sie in der Ecke des kalten, leeren Wagens eine sehr junge Frau sitzen, in blauem Kapuzenmantel, die einem ganz kleinen, eben geborenen Kinde ihre fast leere Brust gab. Ein großer, gelber Hund lag daneben und hatte seinen treuen Kopf auf ihre mageren Knie gelegt.

Ihre Augen träumten voller Trübsal; aber als sie die Männer sah, kam Freundschaft hinein und Zuneigung. Und siehe, auch das Kindlein, noch mit Flaum auf dem Kopfe und mit Augen wie kleine Spalte, lachte ihnen zu, und besonders hatte das schwarze Gesicht des Pitjevogel es ihm angetan.

Schrobberbeeck sah den Hirten knien und seinen hohen Hut abnehmen; er kniete auch nieder, nahm seine Prozessionskrone vom Kopf und bereute plötzlich tief seine Sünden, deren er viele auf dem Gewissen hatte, und Tränen kamen in seine entzündeten Augen. Dann bog auch Pitjevogel das Knie.

So saßen sie da, und süße Stimmen umklangen ihre Köpfe, und eine wundersame Seligkeit, größer als alle Lust, erfüllte sie. Und keiner wusste warum.

Unterdessen versuchte der alte Mann, in dem eisernen Herdlein ein Feuer anzumachen. Pitjevogel, der sah, dass es nicht ging, fragte dienstfertig:

»Darf ich Euch helfen?«

»Es nützt doch nichts, es ist nasses Holz«, antwortete der Mann.

»Aber habt ihr denn keine Kohlen?«

»Wir haben kein Geld«, sagte der Alte betrübt.

»Aber was esst ihr denn?«, fragte der Hirte.

»Wir haben nichts zu essen.«

Die Könige schauten verwirrt und voller Mitleid auf den alten Mann und die junge Frau, das Kind und den spindeldürren Hund.

Dann sahen sie sich alle drei untereinander an. Ihre Gedanken waren eins, und siehe, der Strumpf mit dem Geld wurde ausgekehrt in den Schoß der Frau, der Sack mit den Esssachen wurde geleert und alles, was darin war, auf ein wackliges Tischlein gelegt.

Der Alte griff gierig nach dem Brot und gab der jungen Frau einen rosigen Apfel, den sie, bevor sie hineinbiß, vor den lachenden Augen ihres Kindes drehte.

»Wir danken euch«, sagte der alte Mann, »Gott wird es euch lohnen!«

Und sie machten sich wieder auf den Weg, den Weg, den sie kannten, wie von selbst in der Richtung auf die »Wassernixe«, doch der Strumpf steckte zusammengerollt in Suskewiets Tasche, und der Sack war leer. Sie hatten keinen Pfennig, kein Krümelchen mehr.

»Wisst ihr eigentlich, warum wir alles diesen armen Menschen gegeben haben?«, fragte Pitjevogel.

»Nein«, sagten die andern.

»Ich auch nicht«, schloss Pitjevogel.

Bald darauf sagte der Hirt: »Ich glaube, dass ich es weiß! Sollte dieses Kind nicht vielleicht Gott gewesen sein?«

»Was du nicht denkst!«, lachte der Aalfischer, »Gott hat einen weißen Mantel an, mit goldenen Rändern besetzt, und hat einen Bart und hat eine Krone auf, wie in der Kirche.«

»Er ist früher zur Weihnacht doch in einem Stall geboren«, behauptete der Hirt.

»Ja, damals!«, sagte Pitjevogel. »Doch das ist schon hundert Jahre her und noch viel länger.«

»Aber warum haben wir denn alles weggegeben?«

»Ich zerbreche mir auch den Kopf darüber«, sagte der Bettler, dem der Magen knurrte.

Und schweigend, mit Gaumen, die nach einem tüchtigen Schluck Genever und dick mit Senf bestrichenem Fleisch lechzten, kamen sie an der »Wassernixe« vorbei, wo Licht brannte und gesungen und Harmonika gespielt wurde.

Pitjevogel gab den Stern dem Hirten wieder, der ihn aufzubewahren pflegte, und ohne noch ein Wort zu sprechen, aber zufrieden in ihrem Herzen, gingen sie am Kreuzweg auseinander, jeder zu seiner Lagerstätte. Der Hirt zu seinen Schafen, der Bettler unter eine Strohmiete und Pitjevogel in seine Dachkammer, in die der Schnee hineinwehte.

Theodor Storm

Weihnachtslied

Vom Himmel in die tiefsten Klüfte
Ein milder Stern herniederlacht;
Vom Tannenwalde steigen Düfte
Und hauchen durch die Winterlüfte,
Und kerzenhelle wird die Nacht.
Mir ist das Herz so froh erschrocken,
Das ist die liebe Weihnachtszeit!
Ich höre fernher Kirchenglocken
Mich lieblich heimatlich verlocken
In märchenstille Herrlichkeit.
Ein frommer Zauber hält mich wieder,
Anbetend, staunend muss ich stehn;
Es sinkt auf meine Augenlider
Ein goldner Kindertraum hernieder,
Ich fühl's, ein Wunder ist geschehn.

Marianne Uhlen

Der kleine Engel mit dem schiefen Flügel

Es war der letzte Tag vor Heiligabend. Der Hamburger Weihnachtsmarkt war in vollem Gange. Vor Frau Kruses Verkaufsbude mit Weihnachtsbaumschmuck drängelten sich die Menschen und guckten, was da alles ausgebreitet auf einem roten Samttuch zum Verkauf angepriesen wurde.

Der kleine Engel mit dem schiefen Flügel stand in der hintersten Reihe, eingeklemmt zwischen einem Nussknacker und einem Weihnachtsmann. Er hatte braune Locken und trug ein hellblaues Kleidchen mit einer goldenen Schleife um den Bauch. Auf seinem Gesicht erstrahlte ein gutmütiges, freundliches Lächeln, und man hätte ohne Übertreibung behaupten können, dass dieser Engel die schönste Figur der ganzen Verkaufsbude war.

Warum er dann in der letzten Reihe stand? Das musste wohl mit seinem schiefen Flügel zusammenhängen, denn als Frau Kruse am Morgen den kleinen Engel aus dem dunklen, muffigen Pappkarton hervorgeholt hatte, hatte sie kopfschüttelnd gesagt: »So was! Der eine Flügel ist ja ganz schief! Den werd ich bestimmt nicht los. Am besten stell ich ihn ganz nach hinten, dann fällt das nicht so auf.« Und dann hatte Frau Kruse ihn nach und nach immer weiter mit anderen Figuren zugebaut, die sie aus ihrem Pappkarton angelte. Bis der kleine Engel am Schluss nichts mehr hatte sehen können, außer dem hölzernen bunten Schaukelpferdanhänger direkt vor seiner Nase. Dabei hätte der Engel gerne die ganzen Menschen beobachtet, die dort zwischen den Buden umherliefen. Er hätte den verschneiten Weihnachtsbaum mit den vielen Kerzen anschauen können, der direkt vor Frau Kruses Verkaufstisch aufgestellt worden war.

So stand er aber nun in der letzten Reihe und langweilte sich sehr.

Das Einzige, was er tun konnte, war, den verschiedenen Stimmen zu lauschen und den Weihnachtsliedern, die von den anderen Buden zu ihm herüberschallten. Nur ein paarmal wurde er von irgendwelchen Händen hochgehoben und in der Luft gedreht und gewendet. Doch dann hörte er jedes Mal jemanden so etwas sagen wie: »Guck mal, der hat ja einen ganz schiefen Flügel« oder »Komm, lass uns lieber den Nussknacker da nehmen«. Und dann stellte man ihn wieder an seinen Platz zurück.

Langsam wurde es dunkel, und Frau Kruse schaltete eine bunte Lichterkette ein. Der kleine Engel fing in seinem blauen Kleidchen zu frieren an, denn der Weihnachtsmann und der Nussknacker, die bisher neben ihm gestanden und ihn gewärmt hatten, waren inzwischen verkauft. Viele Figuren waren nicht mehr übrig, nur noch ein hölzernes Rentier mit einem Schlitten, ein Trompetenspieler und ein Schaukelpferdchen. Der Wind pfiff dem kleinen Engel um seine braunen Locken, aber nun konnte er wenigstens einen Blick auf den Trubel erhaschen, der auf dem Weihnachtsmarkt herrschte. Er sah Kinder mit buntverzierten Lebkuchenherzen um den Hals und Zuckerwatte in den Fäusten, Frauen und Männer mit großen Tüten und Paketen. Doch niemand blieb mehr stehen. Niemand hob ihn mehr in die Luft und drehte und wendete ihn.

Alle hatten es plötzlich sehr eilig.

»Wenn mich niemand mehr kauft, dann muss ich heute Nacht wieder in diesen unheimlichen, muffigen Karton«, dachte der kleine Engel traurig. Er sah, wie die ersten Budenbesitzer anfingen, ihre Tische hochzuklappen. Auch Frau Kruse begann nun aufzuräumen.

»Sind Sie alles losgeworden?«, rief eine Frau mit Pelzmütze aus der Bude gegenüber.

»Fast«, rief Frau Kruse zurück. »Bis auf ein paar Anhänger. Die müssen dann wohl bis nächstes Jahr warten.« Die Frau mit der Pelzmütze lachte.

Der kleine Engel erschrak. Ein ganzes Jahr sollte er nun in dem dunklen Pappkarton aushalten? Sein Herz klopfte ihm bis zum Hals.

Doch da geschah es. Gerade als Frau Kruse ihn nehmen und zurück in den Karton legen wollte, kam ein so starker Windstoß, dass der kleine Engel in die Luft gewirbelt wurde. Frau Kruse versuchte noch, nach ihm zu greifen, doch wegen seines schiefen Flügels flog er eine Kurve, segelte an Frau Kruses Bude vorbei, um die Ecke – und landete direkt vor einem Paar schwarzer, löchriger Stiefel.

»Das gibt's ja nich'«, hörte er eine tiefe, brummende Männerstimme. Ein Paar große, warme Hände nahmen ihn auf und hielten ihn in die Höhe. Der kleine Engel blickte in das bärtige Gesicht eines alten Mannes. »Is' einfach so vom Himmel gefallen«, flüsterte er. Zärtlich strich er dem kleinen Engel über den Flügel. Seine wässrigen blauen Augen strahlten, und der kleine Engel strahlte zurück.

Barbara Veit

Sternchen

Stella zuckte zusammen, als sie einen Schatten zwischen den Baumstämmen sah – keinen besonders großen Schatten allerdings. Zu klein für einen Menschen. Trotzdem begann ihr Herz zu klopfen, und sie duckte sich hinter einer buschigen Fichte, spähte vorsichtig zwischen den Zweigen hindurch. Obwohl die Sonne schon untergegangen war, erfüllte ein seltsames Leuchten den Wald. Nicht vom Himmel, sondern von der weißen Schneedecke, die den Boden einhüllte.

Stella hätte längst zu Hause sein sollen, lange vor Einbruch der Dunkelheit. Aber im Dezember wurde es schon so früh dunkel ... und sie hatte sich so gut mit ihrer besten Freundin unterhalten. Mama würde sauer sein. Sie machte sich dauernd Sorgen, weil Stella immer durch den Wald ging und nicht an der Straße entlang. Aber Stella mochte den Wald, und Angst hatte sie noch nie gehabt. Doch jetzt hörte sie ihr eigenes Herz ganz laut wummern. Sie befand sich genau in der Mitte des kleinen Wäldchens – mindestens zwei Minuten von der Straße, selbst wenn sie blitzschnell rannte. Und sie war ganz allein.

Wieder bewegte sich etwas zwischen den Bäumen. Ein Ast knackte, Stella hielt den Atem an. Sie starrte so angestrengt auf die Stelle, dass die Schatten zu wachsen begannen und vor ihren Augen verschwammen.

Vielleicht ist es ein Kaninchen, dachte sie. Es gab viele Kaninchen in den Wäldern und Gärten. Aber es war kein Kaninchen. Sie wusste es, obwohl sie nichts erkennen konnte. Jetzt bewegte es sich wieder. Ein Fuchs? Seltsam, dass sie plötzlich an Wölfe dachte und dass bei diesem Gedanken ihr Herz noch schneller schlug.

Blödsinn! Es gab keine Wölfe am Stadtrand von Hamburg! Wenn nur ihr Herz nicht so schnell schlagen würde. Ihr Herz wollte wegrennen. Aber ihre Beine bewegten sich nicht. Kam der Schatten näher? Stella schloss kurz die Augen. Vielleicht bildete sie sich das alles nur ein. Vielleicht war da überhaupt nichts! Doch als sie die Augen wieder öffnete, sah sie es genau. Es stand jetzt auf einer freien Fläche zwischen den Bäumen, ein Wesen mit vier Beinen, ein bisschen größer als ein Fuchs, mit spitzen Ohren und einem langen Schwanz. Es sah genau aus wie ein kleiner Wolf, und es starrte in ihre Richtung.

Warum hörte nur ihr verflixtes Herz nicht auf, so verrückt zu schlagen? Das da war kein Geist und auch kein Verbrecher, nur ein Tier! Wenn es bloß nicht so dunkel wäre. Dieses bleiche bläuliche Leuchten, das vom Schnee ausging, ließ den Wald so anders aussehen als sonst. Es verwandelte ihn in einen Ort, an dem plötzlich alles möglich schien: Wölfe, Gespenster oder vielleicht sogar Wunder.

Stella schüttelte den Kopf. Warum hatte sie plötzlich so verrückte Gedanken? Sie konnte nicht ewig so stehen bleiben. Zu Hause wartete Mutter – vielleicht war sogar Papa schon da. Ganz behutsam löste sie sich von der Fichte, hinter deren Zweigen sie sich versteckt hatte, und machte einen Schritt auf das fremde Wesen zu. Es rührte sich kaum, nur sein Schwanz zuckte ein wenig und verharrte dann waagerecht. Stella wagte noch einen Schritt. Diesmal stieß das Tier ein leises Knurren aus.

Es ist ein Hund, dachte Stella. Ich habe keine Angst vor Hunden. Aber ihr Herz klopfte immer noch zu schnell. Wieso lief dieser Hund allein hier im Wald herum? Hatte er sich verlaufen, oder war er ein Streuner? Ein wilder Hund? Sie hatte noch nie von wilden Hunden in Hamburg gehört. Wieder dachte sie an Wölfe. Hatte sie nicht in der Zeitung gelesen, dass im Winter immer häufiger einzelne Wölfe aus Russland nach Deutschland wanderten?

Noch ein Schritt. Der Schnee knirschte unter ihren Stiefeln. Das Tier hob eine Vorderpfote und reckte den Kopf vor.

Ich muss mit ihm reden, dachte Stella. Er hat wahrscheinlich mindestens so viel Herzklopfen wie ich.

Ganz leise begann sie, mit dem Tier zu sprechen.

»He du, was machst du denn hier so allein? Leute erschrecken? Ist dir nicht kalt? Wahrscheinlich hast du Hunger. Und morgen ist Weihnachten. Der Wetterbericht hat gesagt, dass es noch viel kälter wird. Bist du ein Wolf oder ein Hund ...?« Stella redete weiter und weiter. Einen Satz nach dem anderen, und sie wusste selbst nicht, woher all die Sätze kamen. Gleichzeitig näherte sie sich dem Tier Schritt für Schritt und beobachtete genau seine Reaktionen.

Erst legte es die Ohren an, dann stellte sich erst eins, dann das zweite wieder auf. Endlich legte es den Kopf ein wenig schief, und die Schwanzspitze zuckte. Es war kein Wolf, sondern ein Hund, das konnte Stella jetzt genau sehen. Als er bei ihrem nächsten Schritt wieder leise knurrte, blieb sie stehen, ging dann in die Hocke und sagte leise: »Wenn du meine Bekanntschaft machen willst, dann musst du selber herkommen. Ich weiß, dass du Angst hast. Vielleicht hat dich jemand schlecht behandelt. Also komm her, wenn du wissen willst, wer ich bin. Aber mach schnell, denn ich muss nach Hause, sonst krieg ich Ärger!«

Stella wartete. Der Hund starrte sie an und rührte sich

nicht. Schnee spiegelte sich in seinen Augen und ließ sie unheimlich aufleuchten. Wieder tat Stellas Herz einen schnellen lauten Schlag. Er könnte sie angreifen. Es gab Hunde, die Menschen angriffen. Warum nur hatte sie so merkwürdige Gedanken? Wahrscheinlich lag es bloß an dem unwirklichen Licht in diesem Wald, der ihr so vertraut war. Jetzt begann der Schnee sogar zu glitzern, weil der Mond durch die Zweige schien. Die Augen des Hundes glitzerten ebenfalls.

Wieder begann Stella zu sprechen, leise, beruhigend – sie wusste, dass man Tieren gegenüber keine Furcht zeigen durfte, das hatte Großvater ihr beigebracht.

»Sieh mal!«, hatte er gesagt. »Wenn du vor einem Hund wegläufst, dann denkt er, dass etwas nicht stimmt. Er rennt dir nach, weil er meint, dass du eine Art Beute bist. Es ist ein Instinkt, der Hunden angeboren ist. Und wenn du vor Angst zitterst, dann denkt der Hund vielleicht, dass du schwächer bist. Mit Menschen läuft das meistens ganz ähnlich: Wenn du vor Menschen zitterst, dann denken sie auch, dass sie mit dir umspringen können, wie es ihnen gefällt! Schwäche und Angst kann man nur Menschen und Tieren zeigen, die man sehr gut kennt.«

Stella atmete plötzlich ganz ruhig. Es kam ihr vor, als stände Großvater neben ihr, ruhig und mit dem Zwinkern in seinen Augenwinkeln, das sie so sehr an ihm liebte. Der Hund machte einen winzigen Schritt auf sie zu und reckte neugierig die Nase vor.

»Komm nur her!«, flüsterte Stella. »Schnupper an mir! Ich würde dich gern streicheln. Du siehst ja ganz dünn aus. Wahrscheinlich hast du lange nichts mehr gefressen. Armer Hund!«

Bein um Bein näherte er sich trippelnd, zaghaftes Wedeln ließ die Schwanzspitze vibrieren. Stella hockte ganz still im

Schnee, streckte ganz langsam eine Hand aus und hielt sie dem Tier hin. Jetzt hatte es sie beinahe erreicht, zuckte zurück, überwand sich mit einem leisen Winseln und schnupperte endlich sehr vorsichtig an Stellas Hand.

»Und jetzt?«, fragte Stella leise. »Was machen wir jetzt? Ich muss ganz schnell nach Hause. Ich kann nicht bei dir im Schnee sitzen.«

Der Hund umkreiste Stella mit kleinen Schritten, zog dabei laut und ruckweise die Luft ein. Einmal spürte sie seine eiskalte Nase an ihrem Ohr. Dann setzte er sich in den Schnee und stieß wieder ein leises Winseln aus. Als sie sich noch immer nicht rührte, wedelte er heftig und bellte ungeduldig. Stella berührte ihn sanft mit ihrer Hand, da drängte er sich so heftig an sie, dass sie beinahe umgekippt wäre.

»He!«, lachte sie. »Du bist wohl lange nicht mehr gestreichelt worden, was?«

Sie streifte ihren Handschuh ab und kämmte mit den Fingern sein zerzaustes Fell. Er presste seinen Kopf gegen ihre Schulter und stieß einen Laut aus, der sie an das Weinen eines Kindes erinnerte.

»So!«, sagte Stella leise. »Jetzt muss ich aber nach Hause! Wenn du weggelaufen bist, dann musst du auch heimgehen!«

Sie richtete sich langsam auf und reckte ihre Arme und Beine, die inzwischen ganz steif geworden waren.

»Falls du allein bist, dann kannst du ja mitkommen!«, murmelte sie. »Aber es wird nicht ganz einfach sein, denn meine Eltern wollen keinen Hund, obwohl ich mir schon lange einen wünsche!« Stella wandte sich um und machte sich auf den Heimweg. Der Hund blieb ein paar Minuten lang im Schnee sitzen und starrte ihr nach, schien nicht glauben zu können, dass sie ihn so schnell wieder verlassen wollte. Stella warf einen Blick zurück. Da saß er im Schnee, ein dünner Hund mit eisverkrustetem Fell, hob seine Schnauze zum Mond und heulte. Stella biss auf ihre Unterlippe. Sie konnte ihn nicht alleinlassen.

»Komm schon!«

Da sprang der Hund auf und folgte ihr wie ein Schatten. Er hielt sich in einiger Entfernung, lief nicht auf dem Weg, sondern zwischen den Bäumen. Als sie die Straße erreichte, wurde der Abstand zwischen Stella und dem Hund noch größer. Die Ahornallee kam ihr an diesem Abend endlos lang vor. Kein Mensch begegnete ihr auf dem breiten Bürgersteig. Endlich das Gartentor zu ihrem Elternhaus. Stella zögerte kurz, dann ließ sie es offen. Sie konnte den Hund unmöglich sofort mit ins Haus nehmen. Es reichte schon, dass sie sich so verspätet hatte. An der Haustür wandte sie sich noch einmal um. Der Hund stand an der Pforte und ließ den Schwanz hängen.

»Warte!«, rief Stella. »Ich bring dir später was zu fressen. Aber du musst warten! Klar?«

Der Hund antwortete mit einem leisen Winseln. Stella zögerte. Wenn sie ihn nur mitnehmen könnte! Es war so kalt! Vielleicht konnte sie ihn später in ihr Zimmer schmuggeln, wenn die Eltern schliefen. Morgen war Heiligabend! Sie könnte sich den Hund zu Weihnachten wünschen ... Entschlossen drehte sie den Schlüssel herum und trat ins Haus.

»Stella?!!«

Das war Vaters Stimme. Jetzt bloß keinen Krach! Nicht einen Tag vor Weihnachten!

»Ja, Papa!«

»Wieso kommst du so spät nach Hause? Es ist fast halb acht! Wir haben bei deiner Freundin angerufen. Sie hat gesagt, dass du schon um sechs bei ihr weggegangen bist! Kannst du mir mal erklären, warum du eineinhalb Stunden für einen Weg von einer halben Stunde brauchst?«

In Stellas Kopf begann ein wildes Karussell von Ausreden. Sie musste eine finden, die Vater überzeugte. Die Geschichte mit dem Hund war keine gute Idee! Wenn nur Großvater hier wäre! Ihm könnte sie diese Geschichte erzählen, und er würde den Hund sofort reinholen. Vater konnte Hunde nicht leiden.

»Ich hab noch Weihnachtsgeschenke besorgt!«, sagte Stella ein wenig atemlos.

»So? Na ja, reichlich spät, aber ... ich war auch nicht schneller!« Vater stand in der erleuchteten Wohnzimmertür und drehte sich um. »Sie hat Weihnachtsgeschenke besorgt!«, rief er Stellas Mutter zu.

Mama kam mit einer Schale voll Plätzchen aus der Speisekammer.

»Wenigstens anrufen hättest du können, Stella! Wie oft habe ich dir gesagt, dass du spätestens um sechs zu Hause sein sollst! Ich mache mir immer solche Sorgen, wenn es dunkel wird! Schließlich bist du erst zwölf!«

Aber damit war es vorbei. Die Ausrede hatte gewirkt. Beim Abendessen erklärte Stella ihren Eltern, dass sie sich nur eines zu Weihnachten wünsche: endlich einen Hund! Aber da kamen wieder die alten Sorgenfalten in die Gesichter ihrer Eltern: Wer soll sich um den Hund kümmern, wenn Stella in der Schule ist? Was machen, wenn man in den Urlaub fährt? Und Vater kann Hunde nun mal nicht leiden ...

Es war nur ein Versuch gewesen, ein zweckloser. Lief ganz genau wie immer. Stella hatte keine Chance mit ihrem Wunsch. Wieder dachte sie an Großvater. Er hätte ihr längst einen Hund geschenkt. Aber Stellas Eltern hatten es ihm verboten. Bis vor einem Jahr hatte Großvater selbst einen Hund, einen lustigen

Mischling aus Dackel und Pudel. Seit der im biblischen Alter von siebzehn Jahren starb, war Großvater so traurig, als hätte er einen geliebten Menschen verloren.

»Meine Güte, es war doch nur ein Hund!«, hatte Papa gesagt.

»Da gibt's eine Menge Leute, auf die ich eher verzichten könnte!«, hatte Großvater heftig geantwortet.

»So etwas solltest du nicht einmal denken, geschweige denn vor Stella sagen!« Vater war richtig böse geworden.

»Ich denke und sage, was mir passt! Und ich will auch nur Leute sehen, die ich aushalte! Deshalb möchte ich jetzt, dass du gehst!« Nach diesen Worten hatte Großvater ein halbes Jahr lang nicht mehr mit Stellas Vater gesprochen. Und Stella konnte Großvater verstehen, sie sagte es ihm.

»Dein Vater hat viele gute Seiten«, murmelte Großvater. »Du solltest nicht schlecht von ihm denken, weil ich Krach mit ihm habe. Es ist nur ... Menschen, die kein gutes Verhältnis zu Tieren haben ... denen fehlt etwas Wichtiges. Und das halte ich eben nicht gut aus!«

Stella hielt es auch nicht aus. Aber ändern konnte sie ihren Vater nicht. Mama war anders. Sie mochte Tiere – war schließlich die Tochter von Großvater. Aber Mama mochte auch Vater, und deshalb gab es eben keine Tiere in ihrem Haus. Mama begnügte sich mit einer Spende an den Tierschutzverein und fütterte im Winter die Vögel. Stella reichte das nicht. Deshalb beschloss sie an diesem Abend, dass der verlassene Hund in der Familie bleiben würde. Als ihre Eltern sich nach dem Abendessen vor den Fernseher setzten, füllte sie leise einen Napf mit Essensresten und schlich sich in den Garten. Der Hund lag unter einem verschneiten Busch neben der Pforte.

»Komm her!«, flüsterte Stella. »Ich hab was für dich!«

Zögernd löste sich der Hund aus dem Schatten des Buschs,

prüfte die Luft und rannte dann zu ihr, stürzte sich auf den Napf und verschlang das Futter ohne aufzuschauen. Er leckte ihn sogar aus, suchte nach jedem Bröckchen, das in den Schnee gefallen war. Dann wedelte er und gähnte vor Aufregung. Stella streichelte ihn. Im Schein der hellen Lampe über der Haustür konnte sie ihn genauer betrachten. Er war ein schöner Hund mit halblangem Fell, rotbraun am Rücken, schwarz am Schwanz und an den Beinen und Ohren. Auf der Stirn hatte er einen weißen Fleck, der wie ein Stern aussah, und er war – Stella schaute vorsichtig nach – eindeutig ein Hundemädchen.

»Weißt du was?«, sagte Stella. »Ich werde dich Sternchen nennen! Weil Weihnachten ist und weil du zu mir gekommen bist. Ich heiße nämlich Stella, und das heißt auch Stern!«

Wieder gähnte die Hündin und stieß einen hohen Ton aus, als wollte sie sagen: Jetzt gehen wir rein! Worauf warten wir eigentlich?

»Es geht noch nicht!«, flüsterte Stella. »Wenn meine Eltern im Bett sind, dann hol ich dich. Es dauert nicht mehr lang. Warte schön unter dem Busch und lauf nicht weg!«

Sehnsüchtig schaute die Hündin Stella nach. Und als hätte sie jedes Wort verstanden, drehte sie sich um und legte sich wieder unter den Busch neben der Gartenpforte.

Es dauerte ewig, bis Stellas Eltern endlich zu Bett gingen. Stella wartete noch eine halbe Stunde, ehe sie sich im Schlafanzug durch die dunkle Diele tastete und die Tür öffnete.

»Los! Sternchen! Komm her, aber leise!«

Sie hatte noch nicht ausgesprochen, da war die Hündin schon neben ihr, drängte sich an ihren Beinen vorbei ins Haus und hechelte laut.

»Pssst!«

Sternchen knurrte leise. Stella packte sie am Nackenfell und schob sie in ihr Zimmer. Die Hündin fand sofort den Napf mit Wasser und schlabberte endlos lange, als hätte sie einige Tage in der Wüste verbracht. Danach erkundete sie alle Ecken des Zimmers, schüttelte sich endlich und rollte sich auf dem Teppich vor Stellas Bett zusammen. Stella aber schloss ihre Zimmertür ab. Sie konnte sich lebhaft vorstellen, was passieren würde, wenn Vater am Morgen seinen Kopf durch die Tür steckte, um sie zum Frühstück zu rufen.

Es passierte aber trotzdem. Stella hatte sich zwar den Wecker gestellt, war aber noch einmal eingeschlafen. Wütendes Gebell schreckte sie auf. Sternchen sprang vor der Zimmertür hin und her, knurrte, bleckte die Zähne, wild entschlossen, ihre neue Freundin zu verteidigen. Und draußen rüttelte Vater am Türgriff und rief: »Was zum Teufel ist da drin los? Stella! Mach sofort die Tür auf!«

Stella rieb sich die Augen und sprang aus dem Bett, setzte sich aber gleich wieder hin, weil ihr schwindlig wurde.

»Warte, Papa!«, rief sie. »Ich mach gleich auf.« Sie wankte zum Schrank und griff nach einem langen Ledergürtel. Dann schlang sie den Gürtel um Sternchens Nacken und band den Hund am Bücherregal fest.

»Mach auf! Stella!« Vaters Stimme klang fast verzweifelt. Stella ging langsam zur Tür. Was sollte sie Vater sagen? Er würde den Hund sofort aus dem Haus jagen, das wusste sie. Sie musste sich augenblicklich etwas einfallen lassen. Noch zwei Schritte bis zur Tür. Die Klinke bewegte sich wild. Noch ein Schritt ... Stella schaute den Hund an, Sternchen starrte zurück, und da fiel Stella die Lösung ein. Warum war sie nicht schon früher darauf gekommen? Es war doch ganz einfach, löste alle Probleme mit einem Schlag!

Sie drehte den Schlüssel herum, Vater fiel fast über sie, Sternchen heulte, und Stella platzte beinahe los, als sie Vaters Gesicht sah.

»Was ... was ist das?!«, stammelte er und blieb stehen.

»Das ist ein Hund!«, antwortete Stella. »Und mein Weihnachtsgeschenk für Großvater. Deshalb war ich gestern Abend so lange unterwegs. Ich musste ihn nämlich abholen!«

»Du bist verrückt geworden!«, murmelte Vater. »Großvater ist zu alt, um noch einen Hund zu halten. Er will ihn wahrscheinlich nicht einmal. Ich finde es unerhört von dir, dass du solche Dinge tust, ohne sie mit uns abzusprechen!«

»Aber verstehst du denn nicht, Papa? Großvater ist total traurig, seit er keinen Hund mehr hat. Er wird sterben, wenn er so allein bleibt. Und ich will nicht, dass er stirbt! Ich liebe ihn nämlich!«

Vater starrte Stella wortlos an. Hinter ihm tauchte Mutters verschlafenes Gesicht auf. Offensichtlich hatte sie alles mitgehört, denn sie lächelte plötzlich und sagte: »Ich glaube, dass Stella ganz Recht hat. Mein Vater braucht unbedingt wieder einen Hund. Ich habe selbst schon daran gedacht, ihm einen zu schenken. Und außerdem hat dann Stella auch einen Hund, weil sie sowieso ganz oft bei Großvater ist. Wenn es ihm zu viel wird, dann kann sie den Hund ausführen!«

Vater schluckte, drehte sich um und verschwand in Richtung Küche.

»Ich mache jetzt Tee«, murmelte er.

Mama zwinkerte Stella zu, und Stellas Herz machte einen schnellen Sprung. Sie konnte Sternchen behalten. Wo war die Hündin besser aufgehoben als bei Großvater! Und er wohnte nur drei Straßen weiter! Sie würde Sternchen jeden Tag sehen können.

Vater blieb beinahe den ganzen Tag unsichtbar. Erst fuhr er zum Einkaufen, dann verschanzte er sich im Wohnzimmer, um den Baum zu schmücken. Stella wusste, dass er all das nur tat, um den Hund nicht sehen zu müssen. Sie ging mit Sternchen spazieren, kaufte Hundefutter und ein Halsband von den Resten ihres Taschengelds und einem Zuschuss von Mama. Am Nachmittag packte sie die Geschenke für ihre Eltern ein, Sternchen sah ihr dabei mit schrägem Kopf zu. Dann bürstete sie die Hündin und befestigte eine rote Schleife an ihrem Halsband. Wenn es doch schon sechs Uhr wäre. Die Zeit kroch dahin. Wo blieb Großvater?

Er kam wie immer zu spät. Zehn nach sechs.

»Eigentlich wollte ich gar nicht kommen!«, brummte er. »Hab keine Lust mehr auf Weihnachten. Komm nur wegen Stella!«

»Jaja, Vater!«, sagte Mama und schaute ein bisschen genervt.

»Los, kommt endlich rein! Die Kerzen brennen schon!«, rief Papa.

Es roch nach Punsch und Tannenzweigen. Großvater ließ sich in einen Sessel fallen und schaute beinahe grimmig auf den Lichterbaum.

»Keine Geschenke!«, murmelte er. »Ich brauch nichts mehr!«

»Ach, Vater!«, stöhnte Mama. »Sei doch nicht immer so negativ!«

»Werd du erst mal so alt, meine Tochter! Wahrscheinlich willst du dann auch nichts mehr! Ich hab es satt, wenn immer alle so tun, als gäbe es keine Schwierigkeiten! Ich will nichts und damit basta! Höchstens ein Glas Punsch!«

Stella beobachtete Großvater genau, während sie alle vier mit Punsch anstießen. Er sah wirklich negativ aus, wie Mama sagte. Hatte bittere Falten um den Mund, die vor einiger Zeit noch nicht da gewesen waren.

»Frohe Weihnachten!«, sagte Mama. »Ihr könnt jetzt eure Geschenke auspacken!«

»Ich will aber keine!«, murrte Großvater noch einmal. Da stand Stella leise auf und verließ den Raum. Sie nahm Sternchen am Halsband und führte sie ins Wohnzimmer. Hinter Großvaters Sessel hielt sie an und sagte leise: »Frohe Weihnachten, Opa. Hoffentlich magst du mein Geschenk. Ich hab dich nämlich sehr lieb!«

Großvater hatte Mühe, sich umzuwenden. Sein Rücken war ziemlich steif. Erst schaute er nur auf Stella, dann wanderte sein Blick nach unten, und seine Augen wurden ein bisschen größer.

»Was zum Teufel ...!« Seine Stimme klang plötzlich heiser, brach ab und veränderte sich in Sekunden, denn als er wieder etwas sagte, klang es ganz sanft und weich. »Na, du bist aber ein schöner Hund. Wer bist du denn? Was, was ... hast du dir denn da ausgedacht, Stella ...?«

Er streckte die Hand aus und hielt sie Sternchen hin. Sie schnupperte daran, wedelte und nieste einmal. Großvater lachte.

»Das ist Sternchen!«, sagte Stella. »Sie ist ganz allein und braucht ein neues Zuhause.«

Vater schaute zum Fenster hinaus, obwohl es da gar nichts zu sehen gab. Großvater räusperte sich verlegen, grinste dann plötzlich und sagte: »Hab ich irgendwas gesagt, dass ich keine Geschenke will? Ist überhaupt nicht wahr! Hab ich nur gesagt, um euch zu ärgern!« Und dann lachte er wie früher, ganz laut und fröhlich, trank sein Glas Punsch in einem Zug leer und setzte sich zu Sternchen auf den Boden. Stellas Herz schlug ganz schnell.

Adelheid Humperdinck-Wette

Weihnachten

Leise weht's durch alle Lande
wie ein Gruß vom Sternenzelt,
schlinget neue Liebesbande
um die ganze weite Welt.
Jedes Herz mit starkem Triebe
ist zu Opfern froh bereit,
denn es naht das Fest der Liebe,
denn es naht die Weihnachtszeit.
Und schon hat mit tausend Sternen
sich des Himmels Glanz entfacht,
leise tönt aus Himmelsfernen
Weihgesang der heil'gen Nacht.
Hell aus jedem Fenster strahlet
wundersam des Christbaums Licht,
und der Freude Schimmer malet
sich auf jedem Angesicht.
Lichte Himmelsboten schweben
ungeseh'n von Haus zu Haus;
selig Nehmen, selig Geben
geht von ihrer Mitte aus.
O willkommen, Weihnachtsabend,
allen Menschen, groß und klein!
Friedebringend, froh und labend
mögst du allen Herzen sein!

Rudolf Otto Wiemer

Warum der Bär sich wecken ließ

In jener Nacht, als Engel den Hirten auf den Feldern von Betlehem die Geburt des Heilands verkünden, hört das auch die Maus. Und sie sieht den großen Stern am Himmel leuchten. Eine gute Nachricht, denkt sie und läuft gleich los, es den anderen Tieren weiterzusagen.

Zuerst weckt sie den Hamster, der nicht weit von ihrem Loch wohnt.

Der Hamster, der gerade mit seinem Wintervorrat zu tun hat, ist ärgerlich: »Warum störst du mich mitten in der Nacht?«

»Hör zu«, sagt die Maus. »Ich habe eine gute Nachricht für dich. Ein König ist geboren.«

»Ein König? Muss es gleich ein König sein?«

»Ja«, antwortet die Maus, »und er ist größer und stärker als jeder andere König. Komm mit. Wir wollen ihn besuchen.«

»Lass mich in Ruhe. Eine Mäuseneuigkeit glaube ich sowieso nicht.«

Boshaft verzieht er sein Gesicht. »Frag mal die Katze, sie ist doch deine Freundin.« Die Maus blickt sich um. Sie ist ganz allein. Ob der griesgrämige Bursche vielleicht doch recht hat? Für eine Maus ist es nicht ungefährlich, in dieser Jahreszeit unterwegs zu sein. Die Nacht ist kalt und es fängt an zu schneien. Doch der Stern mit seinem hellen Licht macht der Maus Mut. Der neue König ist groß und stark, denkt sie, er wird mich beschützen.

Plötzlich funkeln zwei große Katzenaugen am Wegesrand, die Maus erschrickt. »Entschuldige«, sagt sie, »aber in dieser

Nacht dürfen wir uns nicht streiten. Ich bin unterwegs zum neuen König.«

»Was für ein König?« Die Katze leckt sich das Maul.

»Er ist heute geboren und er ist stärker als du.«

»Woher weißt du das?«

Die Maus hebt das Pfötchen und zeigt auf den hellen Stern.

»Unglaublich«, sagt die Katze, »solch ein Licht habe ich vorher nie gesehen. Eigentlich wollte ich dich fressen. Aber jetzt bin ich neugierig auf den neuen König. Weißt du den Weg?«

»Ja«, sagt die Maus. »Immer dem Stern nach.«

Maus und Katze kommen zum Dorf. Im Dorf schläft Bello, der Hund, in seiner Hütte. Sofort beginnt er zu knurren. »Was wollt ihr?«, fragt er misstrauisch.

»Heute Nacht ist ein König geboren«, sagt die Maus, »der ist stärker als du. Wir wollen ihn begrüßen. Kommst du mit?«

»Unmöglich«, sagt der Hund. »Ich muss das Haus meines Herrn bewachen.«

»Dein Herr ist schon unterwegs zum neuen König.«

»Und was geschieht, wenn Diebe kommen?«

»Die sind auch auf dem Weg zum König. Mach dir keine Sorgen, dem Haus wird nichts Böses geschehen.«

»Wenn's wirklich so ist«, sagt der Hund, »komme ich mit.«

Die drei Tiere laufen durch die kalte Winternacht. Voran der Hund, in der Mitte die Katze und am Schluss die Maus. Im Wald treffen sie den Fuchs. Er hat sich im Dorf eine Gans geschnappt und trägt sie im Maul.

»Hab Mitleid«, quäkt die Gans und flattert mit den Flügeln.

»Lass die Gans«, sagt die Maus zum Fuchs, »dazu ist jetzt keine Zeit. Wir sind auf dem Weg zum neugeborenen König.«

»Ein neuer König?«, staunt der Fuchs und lässt die Gans los. »Mein König ist der Wolf.«

»Viel größer und stärker als der Wolf«, sagt die Maus.

»Glaubst du das wirklich? Was wird der Wolf dazu sagen?«

»Er wird auch mitgehen«, sagt die Maus.

»Und ich fliege voraus«, schnattert die Gans und schwingt sich in die Luft. Der Fuchs ärgert sich. Misstrauisch stellt er sich hinter den Hund. Aber er geht mit.

Auf dem Berg steht der Wolf. Wild und mächtig sieht er aus. Sein Knurren ist weit zu hören. Die Maus fasst sich ein Herz. »Höre, Wolf. Kannst du uns sagen, wer dein Herr ist?«

»Mein Herr ist der Bär«, antwortet der Wolf, »und ich kenne keinen, der stärker ist als er.«

»Erlaube«, sagt die Maus, »wir sind auf dem Weg, einen noch mächtigeren Herrn zu besuchen. Kommst du mit?«

Der Wolf überlegt. Gegen ein Abenteuer hat er nichts. Vielleicht gibt es auch etwas zu ergattern. »Los«, sagt er.

So schnell läuft der Wolf, dass die anderen Tiere ihm kaum folgen können. Endlich kommen die Tiere zur Höhle des Bären. Zuerst hören sie ihn nur schnarchen. Er hält seinen Winterschlaf.

Ich muss ihn wecken, denkt die Maus. Sie schlüpft in die Höhle und kitzelt den Bären mit ihrem langen Schwanz an der Nase. Da muss der Bär niesen und öffnet die Augen. »Ein König ist geboren, stärker und mächtiger als du.«

Der Bär erhebt sich schwerfällig und tappt ein paarmal um sich selber. »König, hast du gesagt, stärker als ich?«

»Komm mit vor die Höhle, ich werde dir etwas zeigen. Das hast du noch nie gesehen«, sagt die Maus.

Der Bär folgt der Maus aus der dunklen Höhle.

»Siehst du den Stern am Himmel?«

Der Bär brummt. »Du hast recht, Maus, da muss etwas Besonderes geschehen sein.«

Mit schwerem Schritt macht sich der Bär auf den Weg. Er geht als Erster. Hinter ihm läuft der Wolf, der Fuchs hat sich jetzt vor den Hund gestellt. Katze und Maus folgen am Schluss.

Von überall kommen Menschen und Tiere über die Berge und Felder. Darüber wundert sich der Bär. »Die Hirsche, die Rehe, die Kühe, die Hasen, die Schafe! Die Bauern, die Hirten und die Kinder! Wollen die alle zum neugeborenen König?«

»Ja«, sagt die Maus, »das wollen sie.« Da trabt der Bär los. Seine Sohlen wirbeln den Schnee auf.

Hinter dem Berg liegt ein Stall. Die Gans hat ihn schon entdeckt.

»Ist hier der neugeborene König?«, fragt sie den Engel. Der Bär hört das nicht.

Er reckt sich zu seiner ganzen Größe und drängt sich nach vorn. Erschrocken machen die Tiere und Menschen ihm Platz.

Da trippelt die Maus los. »Habt keine Angst«, ruft sie. »Der Bär tut euch nichts. Er will nur den neugeborenen König sehen.«

»Ja«, brüllt der Bär, »das will ich. Wo ist er, der größer und stärker sein soll als ich?«

»Da«, sagt die Maus. Der Bär sieht, dass der Stern über dem Stall stehen geblieben ist. Er sieht die Krippe und in der Krippe ein kleines Kind.

Das soll der neugeborene König sein?, denkt der Bär. Das Kind schaut auf den Bären und streckt seine Hände nach ihm aus.

»Siehst du, wie das Kind leuchtet?«, sagt die Maus. Da schämt sich der Bär, weil er so laut gebrüllt hat und weil er den König nicht gleich erkannte. Er beugt sich nieder und macht sich ganz klein. Die Maus ist glücklich. Sie trippelt zurück und setzt sich wieder hinter der Katze in den Schnee.

Seltsam, denkt sie, dass ich es war, die zuerst die gute Neuigkeit gehört hat. Mäuse sind sonst die kleinsten und nichtsnutzigsten Geschöpfe. Und doch habe ich sie alle zur Krippe gebracht. Hat man so etwas schon mal gehört?

James Krüss

Tierweihnacht

Das Eichhorn feiert Weihnachten mit Nüssen,
Mit vielen Nüssen, irgendwo im Baum.
Forellen schießen Purzelbaum in Flüssen.
Das Murmeltier träumt einen Sommertraum.

Die Krähe krächzt: Recht gute Feiertage!
Die kleinen Spatzen zwitschern: Recht viel Spaß!
Der Uhu macht wie stets die Nacht zum Tage
Und fängt die Maus als Weihnachtsabendfraß.

Der Eisbär auf dem Eisberg winkt den Vögeln.
Der Braunbär dreht sich wohlig um im Bau.
Die Möwen, die im Winterwinde segeln,
Fangen zum Fest sich einen Kabeljau.

Die Unke übt ein freundliches Gemunkel,
Der Käfer hockt vergnügt im warmen Mist,
Und manches Schaf erinnert sich ganz dunkel,
Dass dieses Fest der Tag der Hirten ist.

Die schwankenden Kamele in der Wüste
Erzählen sich beim Lagern irgendwo,
Dass einst ein Kindchen die Kamele grüßte,
Das auf dem Esel nach Ägypten floh.

Nur Ochs und Esel stehen an den Seiten
Der Futterkrippe ganz versunken da.
Sie wissen, was vor langen, langen Zeiten
An einer Krippe unterm Stern geschah.

David Henry Wilson

Seit fünfzig Jahren hat er unrecht

»Es gibt ihn nicht«, sagte mein Bruder.

»Es gibt ihn doch«, sagte ich.

»Nein, es gibt ihn nicht«, behauptete Peter mit der ganzen Autorität eines zehnjährigen Weltmanns. Aber Sehen heißt Glauben, und ich hatte tatsächlich den Beweis mit eigenen Augen gesehen. Den Weihnachtsmann gab es, und Peter wußte nicht, wovon er redete.

Damals, das waren noch Zeiten! An Weihnachten lag immer Schnee, Rotkehlchen hockten schöngefiedert auf den Zweigen, wir hatten rote Backen und glänzende Augen und Wollschals und zugeknöpfte Mäntel, es gab Kerzen auf dem Weihnachtsbaum, Weihnachtssänger mit sichtbar wehendem Atem, Papiergirlanden an der Decke, Truthahnbraten im Herd ... und so viel Aufregung. Am aufregendsten war Heiligabend, weil dann der Weihnachtsmann mit seinem Gabensack durch den Kamin kam und einen Strumpf voller Geschenke am Fußende meines Bettes zurückließ.

Und jetzt wollte Peter mir alles verderben.

»Mummy und Daddy kaufen die Geschenke«, sagte er.

»Gar nicht. Ich habe nämlich den Weihnachtsmann gesehen. Ich habe ihn gesehen.«

»Man kann nicht jemanden sehen, den es nicht gibt«, sagte Peter.

»Aber ich habe ihn gesehen, also gibt es ihn. Ich habe ihn in der amerikanischen Kaserne gesehen, und er hatte einen langen weißen Bart und einen roten Mantel, daran habe ich ihn erkannt.«

»Da hatte sich jemand verkleidet«, sagte Peter, »das ist alles.«

»Nein, gar nicht, ich habe nämlich mit ihm gesprochen, und er hat gesagt, daß er der Weihnachtsmann ist. Er hat mir ein Geschenk gegeben und gesagt, daß er am Heiligabend durch den Kamin herunterkommt.«

Peter versuchte immer alles zu verderben. Nur weil er vier Jahre älter war als ich, glaubte er, daß er alles wüßte und ich nichts, aber er hatte unrecht, weil ich den Weihnachtsmann kennengelernt hatte und er nicht. Und ich hatte noch einen Beweis.

»Du glaubst also nicht, daß es den Weihnachtsmann wirklich gibt. Aber warum legst du dann einen Strumpf von Mummy an das Fußende von *deinem* Bett?«

»Weil ...«, er lachte überlegen wie immer, »ich die Geschenke haben will.«

»Aber woher sollen die Geschenke kommen, wenn es keinen Weihnachtsmann gibt?«

»Ich sag's dir doch, Mummy und Daddy kaufen sie.«

Es hatte keinen Sinn, mit Peter zu reden. Noch nicht mal Mummy und Daddy konnten mit Peter reden, wenn er sich was in den Kopf gesetzt hatte. Sie nannten Peter »stur«. Ich war nicht stur. Ich hatte einfach recht.

Peter und ich schliefen im selben Zimmer. Das war manchmal nett, weil wir Wortspiele machten wie »Ich sehe was, was du nicht siehst« – flüsternd, damit Mummy und Daddy nichts hörten. Wir sollten nicht spielen. Wir sollten schlafen.

Aber manchmal war es nicht nett, denn wenn Peter in seiner sturen Stimmung war, hatte er keine Lust zum Spielen, und ich spielte gern.

Ich hatte gehofft, daß wir an diesem Heiligabend spielen würden, weil ich diesmal unbedingt etwas machen wollte, was ich mir jedes Jahr vornahm, nur war es mir noch nie gelungen. Ich wollte wach bleiben, bis der Weihnachtsmann kam. Wenn Peter mit mir spielte, wäre es einfacher, aber ich merkte schon, daß er nicht mitmachen würde. Es war falsch gewesen, ihm meinen Plan zu verraten, denn damit hatte der ganze Streit angefangen. Ich hätte den Mund halten sollen, dann hätte er vielleicht mit mir gespielt, und ich wäre wach geblieben.

»Und überhaupt«, sagte Peter, »wie soll er denn durch den Kamin kommen?«

»Er klettert herunter.«

»Unser Kamin«, sagte Peter, »ist so eng, daß noch nicht mal du darin herumklettern könntest. Wie soll also der Weihnachtsmann durchkommen – noch dazu mit seinem Gabensack?«

Darüber hatte ich mir, ehrlich gesagt, auch schon den Kopf zerbrochen. Mir war aufgefallen, wie eng unser Kamin war, und ich hatte Mummy und Daddy gefragt, ob der Weihnachtsmann auch durchkommen könnte – oder sollten wir ihm vielleicht einen größeren Kamin bauen? Mummy meinte, der Weihnachtsmann hätte es bisher immer geschafft, ich sollte mir keine Sorgen machen. Ich machte mir keine Sorgen. Was dem Weihnachtsmann bisher gelungen war, würde ihm wieder gelingen.

»Er kommt eben durch«, erklärte ich Peter. »Und ich kann es beweisen.«

»Wie?«

»Wie sollten sonst die Geschenke in unsere Strümpfe kommen?«

Peter stöhnte und gab keine Antwort.

»Komm, wir spielen ›Ich sehe was, was du nicht siehst‹.«

»Nein«, sagte Peter. »Ich will schlafen.«

»Dann kriegst du ihn nicht zu sehen! Wenn wir beide wach bleiben, sehen wir ihn, und dann weißt du, daß es ihn wirklich gibt!«

Aber ich hätte Peter genausogut sagen können: Dann weißt du, daß du unrecht hast. Peter hatte nie unrecht, also mußte er natürlich schlafen.

Peter war nicht bei dem Kinderfest in der amerikanischen Kaserne gewesen – ich weiß nicht mehr, warum. Sonst hätte er das alles nie gesagt. Dann hätte er den Weihnachtsmann genauso gesehen wie ich, und er hätte gewußt, daß es ihn wirklich gab. Ich war einfach zu dem Weihnachtsmann hingegangen und hatte mit ihm geredet.

»Hallo«, hatte er gesagt. »Wie heißt du denn?«

»David«, hatte ich geantwortet.

»Schön, daß du da bist, David«, hatte der Weihnachtsmann gesagt. »Schau mal, dieses Päckchen ist für dich, okay? Und ich wünsche dir ein superschönes Weihnachtsfest.«

Mir fiel auf, daß sein Atem nach Kaugummi roch.

»Du kommst doch am Heiligabend durch unseren Kamin, nicht wahr?« fragte ich.

»Aber sicher«, sagte er.

Das reicht schließlich als Beweis, oder?

Im Bett war es schön warm, aber überall sonst war es eiskalt. Wenn ich meinen Fuß an den Rand der Bettdecke schob, spürte ich, wie kalt es war, die Luft im Schlafzimmer war eisig. Damals hatten wir keine Zentralheizung, aber noch heute gibt es in England Schlafzimmer, die man als Kühlschränke benutzen könnte. Ich ging ungern schlafen, weil das Bettzeug so kalt war, wenn man hineinkroch, aber morgens stand ich ungern auf, weil es dann im Bett warm war, und draußen war es so kalt.

Peter schlief. Trotz der Kälte setzte ich mich auf und tastete nach dem Strumpf am Fußende. Er war noch da und ganz leer. Ich kuschelte mich wieder ins Warme und horchte. Alles war still. Zu still. Ich wartete auf die Schlittenglocken.

»Bist du wach?« flüsterte ich.

Peter gab keine Antwort. Wenn er wach gewesen wäre, hätte ich ihn gefragt, woher seiner Meinung nach das Gebimmel der Schlittenglocken kam, wenn es den Weihnachtsmann nicht gab.

Ich kämpfte mit der Müdigkeit. Meine Lider waren bleischwer, und die Augen fielen mir zu, ohne daß ich es wollte – aber dann strengte ich mich ungeheuer an und riß sie wieder auf. Horch ..., horch ... bimmelte es da nicht? Das Geräusch war ganz, ganz schwach, aber es klang bestimmt nach Schlittenglocken. Vielleicht war es noch weit entfernt, aber ... ja ... das war es doch? Bimmel, bimmel ...

Ich mußte das Geräusch deutlicher hören, damit ich genau wußte, daß es wirklich Glockenbimmeln war. Und wenn es Glockenbimmeln war, dann müßte ich auch sehen können, woher es kam. Bestimmt war der Weihnachtsmann irgendwo dort draußen mit seinem Schlitten und den Rentieren, die ihn zogen. Wenn ich sie nur sehen könnte, dann würde es mir bestimmt gelingen, wach zu bleiben, bis sie kamen.

Leise schob ich die Bettdecke weg und kroch aus dem Bett in die Iglu-Kälte des Zimmers. Ich tappte hinüber zum Fenster, zog den Vorhang zurück und schaute hinaus in die Nacht. Es war keine dunkle Winternacht. Vielleicht warf der Schnee das Mondlicht zurück. Ich mußte aber an der Scheibe reiben, weil sie sofort von meinem Atem beschlug. Draußen war alles still. Ich spähte in die Ferne, ob ich den Weihnachtsmann auf seinem Schlitten sehen könnte, und spitzte die Ohren, um das Bimmeln zu hören. Aber nein, da war kein Bimmeln, auch kein Schlitten. Vielleicht hatte ich mich getäuscht. Der Weihnachtsmann kam womöglich erst in einer Stunde – oder zwei oder drei ... Und es war kalt! Oh, es war wirklich kalt. Ich hatte Eis-Socken an den Füßen und Eis-Fäustlinge an den Händen, und die Kälte drang durch meinen Schlafanzug und überzog meinen ganzen Körper mit Gänsehaut. Also schlich ich zum Bett zurück, schlüpfte unter die Decke und kuschelte mich an die warme Stelle, die ich vor einer Minute verlassen hatte.

Ich weiß nicht, was dann geschah. Es ist ein Geheimnis, das ich nie verstanden habe. In einem Moment ist man da, denkt seine Gedanken und ist man selbst, und dann ist man plötzlich weg. Der Weihnachtsmann kann auf dem Dach landen, durch den Kamin rutschen, Geschenke in den Strumpf stecken, hinausgehen, durch den Kamin klettern und wegfahren, ohne daß man etwas hört oder merkt. Wo war man, als das alles geschah? Wenn man weggeht, sobald die Augen geschlossen sind, wohin geht man dann, und wie kommt man wieder zurück?

Es war noch dunkel, als ich die Augen aufmachte, aber ich wußte nicht, ob es Nacht oder Morgen war. Ich setzte mich auf und tastete über das Fußende des Bettes. Da war er! Mummys Strumpf war zum Platzen voll.

»Wollen wir schauen, was wir gekriegt haben?« fragte Peter im Dunkeln.

»Ich wußte ja, daß er kommen würde!« sagte ich.

»Ja, ja, schon gut. Ich wette, jeder hat einen Apfel und eine Orange.«

Wir zogen beide unsere Strümpfe unter die Decke, holten ein Geschenk nach dem anderen heraus, befühlten es und sagten einander, was es war. Das war ein Buch … das war etwas Weiches, Wolliges – vielleicht ein Schal … ein Päckchen, wahrscheinlich mit einem Spielzeug drin … das könnte eine Schachtel Farbstifte sein … ein Apfel … eine Orange …

»Ich hab's dir gleich gesagt!« sagte Peter.

Nichts auf der Welt war aufregender, als am Weihnachtsmorgen im Dunkeln aufzuwachen und die Geschenke zu betasten, die der Weihnachtsmann zurückgelassen hatte. Schade, daß er nur einmal im Jahr kam, aber es lohnte sich, darauf zu warten, ja, das war es wert. Mummy und Daddy fanden das auch. Sobald ich ein Geräusch aus ihrem Schlafzimmer (neben unserem) hörte, lief ich mit meinem Strumpf hinein und zeigte ihnen, was ich bekommen hatte. Sie staunten genau wie ich über die vielen herrlichen Geschenke.

»Dieses Auto habe ich gekriegt!« rief ich. »Und dieses Buch und diesen Schal und eine Schachtel Farbstifte … schaut … und einen Apfel und eine Orange …«

»Wie schön für dich!« rief Mummy, und Daddy lachte und sagte, er wollte, der Weihnachtsmann hätte auch ihm einen Strumpf voll schöner Dinge gebracht.

Peter war nicht mit mir gegangen. Er sagte, er sei noch müde und würde später aufstehen. Aber das war nicht der wahre Grund. Ich kannte den wahren Grund. Er wollte nicht zugeben, daß er unrecht hatte. Und wenn er mit mir in Mummys und Daddys Zimmer gegangen wäre, hätte er zugeben müssen, daß er unrecht hatte, weil die beiden noch nicht mal wußten, was in meinem Strumpf steckte. Ich mußte es ihnen zeigen. Mummy und Daddy wußten, daß der Weihnachtsmann in dieser Nacht wie immer durch den Kamin gekommen war, und sie hätten Peter genau das gleiche gesagt wie ich.

Das alles war vor fünfzig Jahren. Peter ist inzwischen Universitätsprofessor, man sollte also meinen, daß er sehr klug sein muß. Letztes Weihnachten habe ich mit ihm telefoniert und ihn an damals erinnert. Aber was soll ich sagen, er war so stur wie immer. Er will immer noch nicht zugeben, daß er unrecht gehabt hat.

Friedrich Wolf
Die Weihnachtsgans Auguste

Der Opernsänger Luitpold Löwenhaupt hatte bereits im November vorsorglich eine fünf Kilo schwere Gans gekauft – eine Weihnachtsgans. Dieser respektable Vogel sollte den Festtisch verschönern. Gewiß, es waren schwere Zeiten. »Aber etwas muß man doch fürs Herze tun!«

Bei diesem Satz, den Löwenhaupt mit seiner tiefen Baßstimme mehrmals vor sich hin sprach, so daß es wie ein Donnergrollen sich anhörte, mit diesem Satz meinte der Sänger im Grunde etwas anderes. Während er mit seinen kräftigen Händen die Gans an sich drückte, verspürte er zugleich den Geruch von Rotkraut und Äpfeln in der Nase. Und immer wieder murmelte sein schwerer Baß den Satz durch den nebligen Novembertag: »Aber etwas muß man doch fürs Herze tun.«

Ein Hausvater, der eigenmächtig etwas für den Haushalt eingekauft hat, verliert, sobald er seiner Wohnung sich nähert, mehr und mehr den Mut. Er ist zu Haus schutzlos den Vorwürfen und dem Hohn seiner Hausgenossen preisgegeben, da er bestimmt unrichtig und zu teuer eingekauft hat. Doch in diesem Falle erntete Vater Löwenhaupt überraschend hohes Lob. Mutter Löwenhaupt fand die Gans fett, gewichtig und preiswert. Das Hausmädchen Theres lobte das schöne weiße Gefieder; sie stellte jedoch die Frage, wo das Tier bis Weihnachten sich aufhalten solle?

Die zwölfjährige Elli, die zehnjährige Gerda und das kleine Peterle – Löwenhaupts Kinder – sahen aber hier überhaupt kein Problem, da es ja noch das Bad und das Kinderzimmer gäbe und das Gänschen unbedingt Wasser brauche, sich zu reinigen. Die Eltern entschieden jedoch, daß die neue Hausgenossin im allgemeinen in einer Kiste in dem kleinen warmen Kartoffelkeller ihr Quartier beziehen solle und daß die Kinder sie bei Tag eine Stunde lang draußen im Garten hüten dürften.

So war das Glück allgemein.

Anfangs befolgten die Kinder genau diese Anordnung der Eltern. Eines Abends aber begann das siebenjährige Peterle in seinem Bettchen zu klagen, daß »Gustje« – man hatte die Gans aus einem nicht erfindbaren Grunde Auguste genannt – bestimmt unten im Keller friere. Seine Schwester Elli, der man im Schlafzimmer die Aufsicht über die beiden jüngeren Geschwister übertragen hatte, suchte das Brüderchen zu beruhigen, daß Auguste ja ein dickes Daunengefieder habe, das sie aufplustern könne wie eine Decke.

»Warum plustert sie es auf?« fragte das Peterle.

»Ich sagte doch, daß es dann wie eine Decke ist.«

»Warum braucht Gustje denn eine Decke?«

»Mein Gott, weil sie dann nicht friert, du Dummerjan!«

»Also ist es doch kalt im Keller!« sagte jetzt Gerda.

»Es ist kalt im Keller!« echote Peterle und begann gleich zu heulen. »Gustje friert! Ich will nicht, daß Gustje friert. Ich hole Gustje herauf zu mir!«

Damit war er schon aus dem Bett und tapste zur Tür. Die große Schwester Elli fing ihn ab und suchte ihn wieder ins Bett zu tragen. Aber die jüngere Gerda kam Peterle zu Hilfe. Peterle heulte: »Ich will zu Gustje!« Elli schimpfte. Gerda entriß ihr den kleinen Bruder.

Mitten in dem Tumult erschien die Mutter. Peterle wurde

im Elternzimmer in das Bett der Mutter gelegt und den Schwestern sofortige Ruhe anbefohlen.

Diese Nacht ging ohne weiteren Zwischenfall vorüber.

Doch am übernächsten Tage hatten sich Gerda und Peter, der wieder im Kinderzimmer schlief, verständigt. Abwechselnd blieb immer einer der beiden wach und weckte den andern. Als nun die ältere Schwester Elli schlief und im Haus alles stille schien, schlichen die zwei auf den nackten Zehenspitzen in den Keller, holten die Gans Auguste aus ihrer Kiste, in der sie auf Lappen und Sägespänen lag, und trugen sie leise hinauf in ihr Zimmer. Bisher war Auguste recht verschlafen gewesen und hatte bloß etwas geschnattert wie: »Lat mi in Ruh, lat mi in Ruh!«

Aber plötzlich fing sie laut an zu schreien: »Ick will in min Truh, ick will in min Truh!«

Schon gingen überall die Türen auf.

Die Mutter kam hervorgestürzt. Theres, das Hausmädchen, rannte von ihrer Kammer her die Stiegen hinunter. Auch die zwölfjährige Elli war aufgewacht, aus ihrem Bett gesprungen und schaute durch den Türspalt. Die kleine Gerda aber hatte in ihrem Schreck die Gans losgelassen, und jetzt flatterte und schnatterte Auguste im Treppenhaus umher. Ein Glück, daß der Vater noch nicht zu Hause war! Bei der nun einsetzenden Jagd durch das Treppenhaus und die Korridore verlor Auguste, bis man sie eingefangen hatte, eine Anzahl Federn. Die atemlose Theres schlug sie in eine Decke, woraus sie nunmehr ununterbrochen schimpfte:

»Lat mi in Ruh, lat mi in Ruh!
Ick will in min Truh!«

Und da begann auch noch das Peterle zu heulen: »Ich will Gustje haben! Gustje soll mit mir schlafen!«

Die Mutter, die ihn ins Bett legte, suchte ihm zu erklären, daß die Gans jetzt wieder in ihre Kiste in den Keller müsse.

»Warum muß sie denn in den Keller?« fragte Peterle.

»Weil eine Gans nicht im Bett schlafen kann.«

»Warum kann denn Gustje nicht im Bett schlafen?«

»Im Bett schlafen nur Menschen; und jetzt sei still und mach die Augen zu!«

Die Mutter war schon an der Tür, da heulte Peterle wieder los: »Warum schlafen nur Menschen im Bett? Gustje friert unten; Gustje soll oben schlafen.«

Als die Mutter sah, wie aufgeregt Peterle war und daß man ihn nicht beruhigen konnte, erlaubte sie, daß man die Kiste aus dem Keller heraufholte und neben Peterles Bett stellte. Und siehe da, während Auguste droben in der Kiste noch vor sich hin schnatterte:

»Lat man gut sin, lat man gut sin,
Hauptsach, dat ick in min Truh bin!«,

schliefen auch das Peterle und seine Geschwister ein.

Natürlich konnte man jetzt Auguste nicht wieder in den Keller bringen, zumal die Nächte immer kälter wurden, weil es schon mächtig auf Weihnachten ging. Auch benahm sich die Gans außerordentlich manierlich. Bei Tag ging sie mit Peterle spazieren und hielt sich getreulich an seiner Seite wie ein guter Kamerad, wobei sie ihren Kopf stolz hochtrug und ihren kleinen Freund mit ihrem Geplapper aufs beste unterhielt. Sie erzählte dem Peterle, wie man die verschiedenen schmackhaften oder bitteren Gräser und Kräuter unterscheiden könne, wie ihre Geschwister – die Wildgänse – im Herbst nach Süden in wärmere Länder zögen und wie umgekehrt die Schneegänse sich am wohlsten in Eisgegenden fühlten. Soviel konnte Auguste dem Peterle erzählen; und auf all sein »Warum« und »Weshalb« antwortete sie gern und geduldig. Auch die anderen Kinder gewöhnten sich immer mehr an Auguste. Peterle aber liebte seine Gustje so, daß beide schier unzertrennlich wurden. So kam es, daß eines Abends, als Peterle vom Bett aus noch ein paar Fragen an Gustje richtete, diese zu ihrem Freund einfach ins Bett schlüpfte, um sich leiser und ungestörter mit ihm unterhalten zu können. Elli und Gerda gönnten dem Brüderchen die Freude.

Am frühen Morgen aber, als die Kinder noch schliefen, hopste Auguste wieder in ihre Kiste am Boden, steckte ihren Kopf unter die weißen Flügel und tat, als sei nichts geschehen.

Doch das Weihnachtsfest rückte näher und näher. Eines Mittags meinte der Sänger Löwenhaupt plötzlich zu seiner Frau, daß es nun mit Auguste »soweit wäre«. Mutter Löwenhaupt machte ihrem Mann erschrocken ein Zeichen, in Gegenwart der Kinder zu schweigen.

Nach Tisch, als der Sänger Luitpold Löwenhaupt mit seiner Frau allein war, fragte er sie, was das seltsame Gebaren zu bedeuten habe? Und nun erzählte Mutter Löwenhaupt, wie sehr sich die Kinder – vor allem Peterle – an Auguste, die Gans, gewöhnt hatten und daß es ganz unmöglich sei …

»Was ist unmöglich?« fragte Vater Löwenhaupt.

Die Mutter schwieg und sah ihn nur an.

»Ach so!« grollte der Vater Löwenhaupt. »Ihr glaubt, ich habe die Gans als Spielzeug für die Kinder gekauft? Ein nettes Spielzeug! Und ich? Was wird aus mir?!«

»Aber Luitpold, verstehe doch!« suchte die Mutter ihn zu beschwichtigen.

»Natürlich, ich verstehe ja schon!« zürnte der Vater. »Ich muß wie stets hintenanstehn!« Und als habe diese furchtbare Feststellung seine sämtlichen Energien entfesselt, donnerte er jetzt los: »Die Gans kommt auf den Weihnachtstisch mit Rotkraut und gedünsteten Äpfeln! Dazu wurde sie gekauft! Und basta!«

Eine Tür knallte zu.

Die Mutter wußte, daß in diesem Stadium mit einem Mann und dazu noch einem Opernsänger nichts anzufangen war. Sie setzte sich in ihr Zimmer über eine Näharbeit und vergoß ein paar Tränen. Dann beriet sie mit ihrer Hausgehilfin Theres, was zu tun sei, da bis Weihnachten nur noch eine Woche war. Sollte man eine andere, schon gerupfte und ausgenommene Gans kaufen? Doch dazu reichte das Haushaltungsgeld nicht. Aber was würde man, wenn die Gans Auguste nicht mehr da wäre, den Kindern sagen? Durfte man sie überhaupt belügen? Und wer im Hause würde es fertigbringen, Auguste ins Jenseits zu senden?

»Soll der Herr es selbst tun!« schlug Theres vor.

Die Mutter fand diesen Rat nicht schlecht, zumal ihr Mann zu der Gans nur geringe persönliche Beziehungen hatte.

Als nun der Sänger Luitpold Löwenhaupt abends aus der Oper heimkam, wo er eine Heldenpartie gesungen hatte, und die Mutter ihm jenen Vorschlag machte, erwiderte er: »Oh, ihr Weibervolk! Wo ist der Vogel?«

Theres sollte leise die Gans herunterholen. Natürlich wachte Auguste auf und schrie aus vollem Hals:

»Ick will min Ruh, min Ruh!
Lat mi in min Truh!«

Peterle und die Schwestern erwachten, es gab einen Höllenspektakel. Die Mutter weinte, Theres ließ die Gans flattern; diese segelte hinunter in den Hausflur. Vater Löwenhaupt, der jetzt zeigen wollte, was ein echter Mann und Hausherr ist, rannte hinter Auguste her, trieb sie in die Ecke, griff mutig zu und holte aus der Küche einen Gegenstand. Während die Mutter die Kinder oben im Schlafzimmer hielt, ging der Vater mit der Gans in die entfernteste, dunkelste Gartenecke, um sein Werk zu vollbringen. Die Gans Auguste aber schrie Zeter und Mordio, indessen die Mutter und Theres lauschten, wann sie endgültig verstummen werde. Aber Auguste verstummte nicht, sondern schimpfte auch im Garten immerzu. Schließlich trat doch Stille ein. Der Mutter liefen die Tränen über die Wangen, und auch Peterle jammerte: »Wo ist meine Gustje? Wo ist Gustje?«

Jetzt knarrte drunten die Haustür. Die Mutter eilte hinunter. Vater Löwenhaupt stand mit schweißbedecktem Gesicht und wirrem Haar da ... doch ohne Auguste.

»Wo ist sie?« fragte die Mutter.

Draußen im Garten hörte man jetzt wieder ein schnatterndes Schimpfen:

»Ick will min Ruh, ick will min Ruh!
Lat mi in min Truh!«

»Ich habe es nicht vermocht. Oh, dieser Schwanengesang!« erklärte Vater Löwenhaupt.

Man brachte also die unbeschädigte Auguste wieder hinauf

zum Peterle, das ganz glücklich seine »Gustje« zu sich nahm und, sie streichelnd, einschlief.

Inzwischen brütete Vater Löwenhaupt, wie er dennoch seinen Willen durchsetzen könne, wenn auch auf möglichst schmerzlose Art. Er dachte und dachte nach, während er sich in bläulich graue Wolken dichten Zigarrenrauches hüllte. Plötzlich kam ihm die Erleuchtung. Am nächsten Tag mischte er der Gans Auguste in ihren Kartoffelbrei zehn aufgelöste Tabletten Veronal, eine Dosis, die ausreicht, einen erwachsenen Menschen in einen tödlichen Schlaf zu versetzen. Damit mußte sich auch die Mutter einverstanden erklären.

Tatsächlich begann am folgenden Nachmittag die Gans Auguste nach ihrer Mahlzeit seltsam umherzutorkeln, wie eine Traumtänzerin von einem Bein auf das andere zu treten, mit den Flügeln dazu zu fächeln und schließlich nach einigen langsamen Kreiselbewegungen sich mitten auf dem Küchenboden hinzulegen und zu schlafen.

Vergebens versuchten die Kinder sie zu wecken.

Auguste bewegte etwas die Flügel und rührte sich nicht mehr.

»Was tut Gustje?« fragte das Peterle.

»Sie hält ihren Winterschlaf«, erklärte ihm Vater Löwenhaupt und wollte sich aus dem Staube machen. Aber Peterle hielt den Vater fest. »Weshalb hält Gustje jetzt den Winterschlaf?«

»Sie muß sich ausruhen für den Frühling.« Doch Vater Löwenhaupt war es nicht wohl bei dem Examen. Er konnte seinem Söhnchen Peterle nicht in die Augen sehen. Auch die Mutter und das Hausmädchen Theres gingen den Kindern soviel wie möglich aus dem Wege.

Peterle trug seine bewegungslose Freundin Gustje zu sich

hinauf in die kleine Kiste. Als die Kinder nun schliefen, holte Theres die Gans hinunter und begann sie – da Vater Löwenhaupt versicherte, die zehn Veronaltabletten würden einen Schwergewichtsboxer unweigerlich ins Jenseits befördert haben –, Theres begann, wobei ihr die Tränen über die Wangen rollten, die Gans zu rupfen und sie dann in die Speisekammer zu legen. Als Vater Löwenhaupt seiner Frau »Gute Nacht« sagen wollte, stellte sie sich schlafend und antwortete nicht. Bei Nacht wachte er auf, weil er neben sich ein leises Schluchzen vernahm. Auch Theres schlief nicht; sie überlegte, was man den Kindern sagen werde. Zudem wußte sie nicht, hatte sie im Traum Auguste schnattern gehört?

»Lat mi in Ruh, lat mi in Ruh!
Ick will in min Truh!«

So kam der Morgen. Theres war als erste in der Küche. Draußen fiel in dicken Flocken der Schnee.

Was war das? Träumte sie noch?

Aus der Speisekammer drang ein deutliches Geschnatter. Unmöglich! Wie Theres die Tür zur Kammer öffnete, tapste ihr schnatternd und schimpfend die gerupfte Auguste entgegen. Theres stieß einen Schrei aus; ihr zitterten die Knie. Auguste aber schimpfte:

»Ick frier, als ob ick keen Federn nich hätt,
Man trag mich gleich wieder in Peterles Bett!«

Jetzt waren auch die Mutter und Vater Löwenhaupt erschienen. Der Vater bedeckte mit seinen Händen die Augen, als stünde da ein Gespenst.

Die Mutter aber sagte zu ihm: »Was nun?«

»Einen Kognak! Einen starken Kaffee!« stöhnte der Vater und sank auf einen Stuhl.

»Jetzt werde ich die Sache in die Hand nehmen!« erklärte die Mutter energisch. Sie ordnete an, daß Theres den Wäschekorb bringe und eine Wolldecke. Dann umhüllte sie die nackte, frierende Gans mit der Decke, legte sie in den Korb und tat noch zwei Krüge mit heißem Wasser an beide Seiten.

Vater Löwenhaupt, der inzwischen zwei Kognaks hinuntergekippt hatte, erhob sich leise vom Stuhl, um aus der Küche zu verschwinden.

Doch die Mutter hielt ihn fest; sie befahl: »Gehe sofort in die Breite Straße und kaufe fünfhundert Gramm gute weiße Wolle!«

»Wieso Wolle?«

»Geh und frage nicht!«

Vater Löwenhaupt war noch so erschüttert, daß er nicht widersprach, seinen Hut und Überzieher nahm und eiligst das Haus verließ.

Schon nach einer Stunde saßen die Mutter und Theres im Wohnzimmer und begannen für Auguste aus weißer Wolle einen Pullover zu stricken. Am Nachmittag nach Schulschluß halfen ihnen die Töchter Elli und Gerda. Peterle aber durfte seine Gustje auf dem Schoß halten und ihr immer den neu entstehenden Pullover, in dem für die Flügel, den Hals, die Beine und den kleinen Sterz Öffnungen bleiben mußten, anprobieren helfen. Bereits am Abend war das Kunstwerk beendet.

Schnatternd und schimpfend, aber doch nicht mehr frierend stolzierte nun Auguste in ihrem wunderschönen weißen

Wollkleid durchs Zimmer. Peterle sprang um sie herum und freute sich, daß Gustjes Winterschlaf so schnell zu Ende war, daß er wieder mit ihr spielen und sich unterhalten konnte.

Auguste aber schimpfte:

»Winterschlaf ist schnacke-schnick;
Hätt ick min Federn bloß zurück!«

Als Vater Löwenhaupt zum Abendessen kam und Auguste in ihrem schicken Pullover mit Rollkragen um den langen Gänsehals dahertapsen sah, meinte er: »Sie ist schöner als je! So ein Exemplar gibt es auf der ganzen Welt nicht mehr!«

Die Mutter aber erwiderte hierauf nichts, sondern sah ihn bloß an.

Natürlich mußte man für Auguste noch einen zweiten Pullover stricken, diesmal einen graublauen, zum Wechseln, wenn der weiße gewaschen wurde. Natürlich nahm Auguste als wesentliches Mitglied der Familie groß am Weihnachtsfest teil. Natürlich war Auguste auch das am meisten bewunderte Lebewesen des ganzen Stadtteils, wenn Peterle mit der Weihnachtsgans in ihrem schmucken Sweater spazierenging.

Und als der Frühling kam, war der Auguste bereits wieder ein warmer Federflaum gewachsen. So konnte man den Pullover mit den anderen Wintersachen einmotten. Gustje aber durfte jetzt sogar beim Mittagstisch auf dem Schoß von Peterle sitzen, wo sie ihr kleiner Freund mit Kartoffelstückchen fütterte.

Sie war der Liebling der ganzen Familie. Und Vater Löwenhaupt bemerkte immer wieder stolz: »Na, wer hat euch denn Auguste mitgebracht? Wer?«

Die Mutter sah ihn an und lächelte. Peterle jedoch echote:

»Ja, wer hat Gustje uns mitgebracht«; und dabei sprang er gerührt auf und umarmte den Vater. Dann hob er seine Gustje empor und ließ sie dem Vater »einen Kuß« geben, was bedeutete, daß Auguste den Vater Löwenhaupt schnatternd mit ihrem Schnabel an der Nase zwickte.

Spätabends im Bett aber fragt Peterle seine Gustje, indem er sie fest an sich drückt: »Warum hast du denn vor Weihnachten den Winterschlaf gehalten?«

Und Gustje antwortet schläfrig: »Weil man mir die Federn rupfen wollte.«

»Und warum wollte man dir die Federn rupfen?«

»Weil man mir dann einen Pullover stricken konnte«, gähnt Gustje, halb schon im Schlaf.

»Und warum wollte man dir denn einen Pullover ...?« Aber da geht es auch bei Peterle nicht mehr weiter. Mit seiner Gustje im Arm ist er glücklich eingeschlafen.

René Goscinny

Heiligabend

Heute Abend feiern wir bei uns Heiligabend. Papa und Mama haben eine Menge Freunde eingeladen. Herr Bleder kommt – das ist unser Nachbar – und Frau Bleder, das ist die Frau von unserem Nachbarn, und die ist sehr nett. Dann kommen noch die Eltern von Otto, das ist ein Schulfreund, der ist sehr dick und isst immer, und dann kommen noch andere und meine Oma, und das wird Spitze.

Papa hat heute Morgen schon mit den Vorbereitungen angefangen. Mama hat zu ihm gesagt, er hätte schon früher damit beginnen müssen, aber Papa hat gesagt, er kommt schon zurecht, und er weiß, was er macht, und er hat den Wagen genommen, um den Weihnachtsbaum einzukaufen, da werden die Geschenke drangehängt für die Erwachsenen, nämlich für mich bringt der Weihnachtsmann die Geschenke und steckt sie in meine Schuhe, die stehen vor der Heizung in meinem Schlafzimmer, wir haben ja keinen Kamin.

Wir haben lange auf Papa gewartet, und dann endlich hat er die Tür aufgeschlossen und ist hereingekommen. Er hat überhaupt nicht zufrieden ausgesehen, den Hut hat er schief auf dem Kopf gehabt und über der Schulter einen langen Stock mit ein paar verstrubbelten Tannennadeln daran.

»Ist das etwa dein Weihnachtsbaum?«, hat Mama gefragt. Papa hat erklärt, ja, das ist er, aber genau vor dem Geschäft, wo man die Bäume verkauft, hat sein Auto eine Panne gehabt und er musste mit dem Bus zurückfahren, und das war überhaupt nicht einfach, denn da waren noch ganz viele andere

Männer mit ihren Tannenbäumen drin. Der Schaffner hat geschimpft, und er hat gesagt, er wird nicht dafür bezahlt, in einem Wald zu arbeiten, und er kriegt dauernd die Zweige in die Augen. Und Papa ist auch wütend geworden, deshalb musste er schließlich den Rest des Weges zu Fuß gehen, und der Baum hat natürlich etwas gelitten unter dem Geschubse. Aber nachher mit dem Christbaumschmuck sieht man das nicht mehr und er wird bestimmt sehr schön aussehen.

»Komm, Nick«, hat Papa zu mir gesagt. »Du kannst mir beim Schmücken helfen.«

Ich habe mich schon ganz toll gefreut, denn es macht Spaß, den Weihnachtsbaum zu schmücken, und ich hab letztes Jahr schon so gut geholfen, als ich noch kleiner war. Wir sind auf den Speicher gestiegen, um die Schachteln mit den Lichterketten und den Girlanden zu suchen, und dann haben wir angefangen. Papa hat den Baum im Esszimmer aufgestellt, und er hat begonnen, die Christbaumkugeln aufzuhängen, die noch übrig waren (nämlich die Schachtel war auf der Treppe hingefallen). Nach den Kugeln hat er die kleinen bunten Lämpchen auf die Zweige verteilt, und das hat lange gedauert, denn die elektrischen Schnüre waren ein bisschen verwickelt. Papa, der hat auf dem Boden gesessen, er hat an den Schnüren gezogen und er hat vor sich hin geredet, so leise, dass ich es nicht verstehen konnte, aber ich weiß, dass es schlimme Wörter waren, so welche, wie wir in der Pause auf dem Schulhof rufen. Aber dann waren die Schnüre aufgehängt, und Papa hat zu mir gesagt: »Du wirst sehen, wie schön er jetzt aussieht.« Er hat an dem Schalter gedreht, und das hat einen niedlichen Funken gegeben, aber das hat Papa bestimmt nicht gewollt, denn die Lämpchen sind nicht angegangen, und er hat sich ein bisschen den Finger verbrannt. Da hat er ein schlimmes

Wort gesagt, das ich noch nicht gekannt habe. Aber mein Papa, der ist sehr stark, und er kriegt schon hin, was nicht funktioniert. Und nachdem er im Keller zweimal die Sicherungen ausgewechselt hat (weil kein Licht mehr im Haus war), da sind die Lämpchen angegangen, und der Baum sah wirklich hübsch aus, vor allem mit den Girlanden.

Mama ist gekommen, um den Baum anzusehen, und sie hat gesagt, er ist sehr schön, aber jetzt müssen wir den Tisch im Esszimmer ausziehen, damit die Gäste alle Platz haben. Papa hat besorgt ausgesehen, denn dabei braucht er jemanden, der ihm hilft. Ich, ich habe vorgeschlagen, ihm zu helfen, aber Papa hat gesagt, dazu bin ich zu klein und zu ungeschickt und ich mach nur Dummheiten.

»Na ja«, hat Papa gesagt, »dann hole ich eben die Nervensäge von nebenan, den Bleder.«

Papa hat die Tür geöffnet, und da ist er gegen Herrn Bleder gestoßen, der wollte gerade klingeln.

»Was machst du denn hier?«, hat Papa gefragt.

»Ich wollte dir meine Hilfe anbieten«, hat Herr Bleder geantwortet. »Ich bin sicher, dass du allein nicht zurechtkommst.«

»Was denn?«, hat Papa gefragt. »Ich brauch dich nicht, du komischer Vogel, verzieh dich in deinen Bau – und bis heute Abend!«

»Aber Papa«, habe ich gesagt. »Du wolltest doch Herrn Bleder holen, um den Tisch auszuziehen?«

Aber da ist mein Papa ganz ungerecht gewesen; ich hab ihn ja sehr gern, aber das war nicht gerecht. Er hat zu mir gesagt, ich soll mich nicht in Dinge einmischen, die mich nichts angehen, und er braucht niemanden. Herr Bleder, der hat sehr gelacht, und ich glaube, das hat Papa nicht gefallen, und da hat Mama auch noch aus der Küche gerufen: »Gehst du jetzt endlich Herrn Bleder holen, damit er dir mit dem Tisch hilft?«

Ich habe nie jemanden so lachen sehen wie Herrn Bleder, und da hab ich natürlich auch lachen müssen, und der Einzige, der nicht gelacht hat, das war Papa.

»Schon gut, Bleder«, hat er schließlich gesagt. »Anstatt den Clown zu machen, hilfst du mir lieber mit dem Tisch.«

Unser Esszimmer-Tisch ist eigentlich rund, und um ihn größer zu machen, zieht man beide Seiten auseinander und an die leere Stelle in der Mitte kommen die Bretter, die Mama Ausziehbretter nennt. Der Tisch ist sehr schwer auseinanderzuziehen und er klemmt oft. Papa hat sich auf die eine Seite gestellt und Herr Bleder auf die andere, und er hat immer noch gelacht.

»Hör auf zu lachen«, hat Papa gesagt, »und zieh, wenn ich es sage!«

Und dann hat Papa gerufen: »Hau ruck!« Der Tisch ist sofort ganz aufgegangen – fitsch! Und Papa ist in den Christbaum gefallen und Herr Bleder auf den Teppich, und da hat er immer noch gelacht. Mama ist aus der Küche herbeigelaufen, sie hat gesagt, sie hätte vielleicht Bescheid sagen sollen, dass sie die Schienen vorher eingefettet hat.

Wir haben Papa aufgeholfen – der saß in dem Weihnachtsbaum mit den Kugeln und den Lichterketten auf dem Kopf, und schade, die Lämpchen waren wieder ausgegangen.

»Du siehst aus wie ein dickes Weihnachtspaket!«, hat Herr Bleder gesagt, und er hat angefangen zu husten, weil er sich verschluckt hat vor lauter Lachen.

Papa ist fuchsteufelswild unter dem Baum hervorgekrochen und hat zu Herrn Bleder gesagt: »So?« Und Herr Bleder hat geantwortet: »Genau!« Und sie haben angefangen, sich zu schubsen, bis Mama gerufen hat:

»Jetzt reicht's aber!« Wir haben sehr gelacht.

Den Baum wieder hinzukriegen, das ging schnell, weil nur noch wenige von den Christbaumkugeln heil waren. Dafür mussten wir lange nach den neuen Sicherungen suchen, damit das Licht wieder anging, denn es waren keine mehr im Haus.

Danach hat Papa angefangen, das Esszimmer zu dekorieren, mit Girlanden und mit Ilex-Zweigen (die piken!).

»Ich brauch dich jetzt nicht mehr«, hat Papa zu Herrn Bleder gesagt. Aber Herr Bleder war so nett und ist trotzdem geblieben. Papa ist auf die Trittleiter gestiegen und hat dicht unter der Decke kleine Nägel eingeschlagen, um die Girlanden daran aufzuhängen.

»Vorsicht!«, hat Herr Bleder gesagt. »Die Zwischenwand ist aus Gips, das gibt leicht Löcher.«

Aber Papa hat gesagt, er kennt sich in seinem Haus aus und er braucht keine Ratschläge. Aber ich habe gesehen, dass Papa nicht ganz sicher war, er hat den ersten Nagel sehr vorsichtig eingesetzt und das ging ganz prima.

»Ha!«, hat Papa gesagt. »Siehst du?« Und er hat den zweiten Nagel mit einem tollen Hammerschlag in die Wand geschlagen, und das hat ein großes Loch gegeben, und eine Menge Gips ist auf Herrn Bleder gefallen, und da hat er nur noch mehr gelacht – ich hab ihn noch nie so lustig gesehen. Papa hat wütend gerufen, Herr Bleder hat das Unglück herbeigeredet, und Mama ist gekommen und hat gefragt, was denn los ist. Da hat Papa die Hand vor das Loch in der Wand gehalten und gesagt, alles bestens und man soll ihn einfach nur in Ruhe arbeiten lassen. Ich hab meiner Mama schon alles erklären wollen, aber Papa hat mich groß angeschaut und ich habe verstanden, es ist ihm lieber, wenn ich den Mund halte.

»Gut«, hat Mama gesagt, »ich gehe wieder in meine Küche, und du kannst die Hand von der Wand nehmen – der Gips ist auch auf der anderen Seite der Wand runtergekommen.«

Sobald Mama weg war, hat Papa zu Herrn Bleder gesagt, er soll gehen, und Herr Bleder hat gesagt, einverstanden, nämlich zu viel Lachen schadet seinem Blutdruck.

»Kann man die Girlanden nicht mit Klebestreifen festmachen?«, habe ich gefragt, und Papa ist sehr zufrieden gewesen, er hat gesagt, das ist eine sehr gute Idee und daran sieht man, dass ich sein Sohn bin.

Es war nur blöd, dass die Klebestreifen mit den Girlanden nicht richtig halten wollten – als Papa die Girlanden endlich oben hatte, sind alle zusammen wieder heruntergekommen. Papa ist von der Trittleiter gestiegen, und er hat sich hingesetzt, den Kopf in die Hände gestützt und nichts mehr gesagt.

Als ich gesehen habe, dass er sich ausruhen will, habe ich gedacht, jetzt frag ich ihn, ob ich heute Abend lange aufbleiben darf mit dem Besuch.

»Nein«, hat Papa gesagt. Ich, ich hab gesagt, das ist überhaupt nicht gerecht und ich bin ganz unglücklich und überhaupt gibt es keinen Grund, warum ich so früh ins Bett muss. Papa hat zu mir gesagt, wenn ich so weitermache, gibt's heute Abend noch eine hinten drauf, und da hab ich angefangen zu weinen.

Mama ist aus der Küche gelaufen, und sie hat gesagt, bei dem Krach wird das Essen nie fertig und die Gans brennt ihr noch an und warum die Girlanden immer noch nicht aufgehängt sind. Das hat aber Papa gar nicht gefallen. Er hat angefangen zu schreien, alle Welt macht ihn nur verrückt, und ich, ich habe gesagt, wenn ich heute nicht länger aufbleiben darf, dann gehe ich weg von zu Hause.

Mama hat mich in den Arm genommen, und sie hat mir erklärt, wenn ich nicht ins Bett gehe, dann kann der Weihnachtsmann mir keine schönen Geschenke in meine Schuhe legen. Da habe ich nachgedacht, und ich habe gesagt, na gut, einverstanden, wird gemacht. Mama hat mich gedrückt, und bevor sie in die Küche gegangen ist, hat sie zu Papa gesagt, die Gäste kommen in zwei Stunden und er soll sich beeilen.

»Ich werde schon fertig«, hat Papa gesagt.

Er hat ganz schön zu tun gehabt, mein Papa. Er hat die Girlanden angeklebt, und das ist nicht so einfach gewesen, denn die hielten immer noch nicht sehr gut, und als Mama die Küchentür aufgemacht hat, um zu sehen, ob alles fertig ist, da hat der Luftzug alles wieder runtergeweht, und schließlich haben sie Heftzwecken genommen. Papa hat die Weinflaschen aus dem Keller geholt, aber da musste er noch mal runter und die Sicherung auswechseln, denn der Weihnachtsbaum ist umgekippt, als Papa die Geschenke an den Zweigen festgemacht hat, und dann musste Papa noch alles zusammenfegen, was auf dem Boden lag. Aber mein Papa ist Klasse: Er ist rechtzeitig mit allem fertig geworden.

Nur schade, dass er so müde war. Er hat sich wie ich noch vor Ankunft der Gäste schlafen gelegt. Aber Papa hat eigentlich nichts verpasst, denn ich, ich habe seine Schuhe in seinem Schlafzimmer vor die Heizung gestellt, da kriegt er auch schöne Geschenke, so wie ich, hoffentlich.

Fröhliche Weihnachten!

Max Kruse

Eine Christnacht in München

Grad rechtzeitig vor dem Fest war der Schnee jetzt doch noch gekommen. Es schneite, schneite und schneite. Die Wolken hingen tief und weiß, die Schneeflocken wirbelten groß und weiß – und auf der Straße, auf den Bäumen und Hausdächern lag es dicht und weiß.

Weiße Weihnacht in der Münchner Stadt. Da freuten sich alle Kinder.

Ungeduldig warteten sie auf die Bescherung. Alle Fenster im Adventskalender waren schon geöffnet, auf dem Abreißkalender in der Wohnstube prangte schon die große Vierundzwanzig – aber es war, als ob sich alle Uhren miteinander verschworen hätten – sie zeigten alle erst die Mittagsstunde und wollten und wollten nicht rascher gehen.

»Bestimmt sind das heute Schneckenuhren!«, sagte die kleine Kristina. Wann, wann endlich würde die Mutter die Tür zum Weihnachtszimmer aufmachen?

»Ich hab genau aufgepasst«, rief Kristinas Bruder Florian. »Seit einer Stunde ist der große Zeiger jetzt nicht mal fünf Minuten weitergegangen. Es ist furchtbar; einfach fürchterlich!«

Im Weihnachtszimmer raschelte und klapperte es geheimnisvoll. Vater schmückte den Weihnachtsbaum. Sehen konnten es Kristina und Florian zwar nicht, aber das war immer so gewesen. Dafür hörten sie ihn hinter der verschlossenen Tür manchmal halblaut murmeln: »Was meinst, ob hier noch eine rote Kugel hinpassen täte, oder eine gelbe? – Geh, reich mir einmal die Kerzen her, bitt schön. – Gibt es noch Lametta, oder nicht?«

Weil die Kinder gar nicht stillsitzen mochten, schickte sie die Mutter schließlich auf die Straße. Sie ließ sie in die warmen Mäntel schlüpfen und die Wollhandschuhe anziehen. Auf den Kopf bis über die Ohren herab zog sie ihnen die gestrickten Mützen. Eine rote und eine blaue.

»Raus mit euch!«, sagte sie. »Eure Unruhe ist ja nicht zum Aushalten. Geht spielen!«

»Aber was sollen wir denn auf der Straße machen?«, fragte Florian. Er hatte das Gefühl, zu Hause etwas furchtbar Wichtiges zu versäumen.

»Ihr könnt einen Schneemann bauen«, schlug die Mutter vor. »Ihr könnt Schaufenster ansehen, ihr könnt mit anderen Kindern spielen, die auch warten müssen, und ihr könntet den erwachsenen Leuten Pakete und Einkaufstaschen tragen helfen. Denkt einmal daran, dass heut Christnacht ist und wir alle am Heiligen Abend den anderen Menschen eine Freude machen wollen. Gerade die freuen sich am meisten, die es am wenigsten erwarten.«

Ach, aber Kristina und Florian hatten heute gar keine Lust, einen Schneemann zu bauen. Und die Schaufenster der Geschäfte ringsherum kannten sie ja schon in- und auswendig: als ob sie bisher nie hineingeschaut hätten! Ja, was dachte denn ihre Mutter, was sie taten, wenn sie in die Schule gingen oder heimkamen?

Als sie gerade ein wenig fröstelnd mit den Stiefelspitzen im Schnee am Rand des Gehsteiges herumfuhren, sahen sie den alten Tobias Traxl daherkommen. Er kam ganz allein aus dem Hof, in dessen Hinterhaus er wohnte. Die Hände hatte er tief in die Manteltaschen vergraben.

»Grüß di, Tobias«, riefen Kristina und Florian, denn sie kannten den alten Mann, der ihnen öfter mal ein Bonbon oder einen Luftballon schenkte, ganz gut. Na ja, gerade so wie man jemanden kennt, den man manchmal auf der Straße sieht. »Grüß di, Tobias, musst' auch auf d' Bescherung warten?«

»Oh mei«, lachte Tobias Traxl. »Da gibt's nix zum Warten und nix zu bescheren bei mir. Das ist lang her, lasst's mi nachdenken – seit i a Kind war – ja mei – viele, viele Jahre ist's her, dass mir mei Muttere den Baum a'zündt hat!«

»Ja«, fragte Kristina erstaunt, »kaufst du dir jetzt selber was Schönes?«

»A geh weiter!« Tobias Traxl lachte wieder. »Was soll i mir denn kauf'n? Nein, i geh a bissl in d' Stadt – unter Menschen. S' Jahr über geht's ja ganz gut, aber wenn der Weihnachtsabend kommt, da g'fallt's mir gar net recht in meiner Stub'n, so allein.«

Er ging. Kristina und Florian schauten ihm erstaunt nach. Jetzt verschwand seine gebeugte Gestalt hinter dem Schneeflockenvorhang.

»Meinst du, dass er jemanden findet, mit dem er den Heiligen Abend feiern kann?«, fragte Kristina.

Florian antwortete ihr nicht. Er dachte nach.

Tobias Traxl fuhr zuerst mit der Straßenbahn auf den Karlsplatz, der auch Stachus genannt wird. Hier sind immer die allermeisten Leute.

Viele Menschen waren auch heute hier. Aber keiner achtete auf ihn. Da stand er nun und wischte sich bedächtig eine tauende Schneeflocke aus dem Nacken unter dem Mantelkragen.

»Tobias Traxl –«, sagte er zu sich selbst, »hier ist es nun wiederum für den heutigen Abend zu laut. Die Leute wirbeln durcheinander wie die Schneeflocken – nur dass alles kreuz und quer geht. Denen muss ja das Schnaufen schwerfallen –

und dazu noch das Gebirg von Paketen, das ein jeder mit sich herumschleppt, ganz egal ob Mann oder Weib – oh mei – und so abgehetzt wollen die den Heiligen Abend feiern? Ja, pfü Gott, die pfeifen ja wie ausgeleierte Drehorgeln beim Stille-Nacht-Heilige-Nacht-Singen. Aber freilich – das Singen besorgt ja sowieso schon das Radio oder das Fernsehen! – Ja, zu meiner Zeit, als ich noch auf der Empore von der Nepomuk-Kirche gesungen hab ... Grad froh kann man sein, dass man allein ist und kein Hahn nach einem kräht!«

Ein wenig trübsinnig ließ er sich durch die Straße schieben und schubsen. »Hoppla – nur nicht so pressant – der Heilige Abend ist doch kein D-Zug, den man grad noch bei der Abfahrt erwischt.«

So kam er auf den Marienplatz, wo vor dem Rathaus die große Tanne als Ständer für zahllose elektrische Kerzen verwendet wurde und die Kaufhäuser ringsherum große Sterne leuchten ließen, damit die Leute in die rechte Weihnachtsstimmung kämen und noch mehr in die rechte Kauflaune. Die Menschen hasteten und drängten sich wie zu den allerkürzesten Geschäftszeiten – ganz unfeierlich.

Nur in der Mitte des Platzes türmte sich neben einem Schutzmann im weißen Ledermantel ein großer Berg aus zahllosen kleinen Päckchen, welche die Münchner ihrer lieben Polizei als Dank für die im abgelaufenen Jahr geleistete Hilfe brachten.

»Sieg'stes, Tobias«, brummelte er vor sich hin, »Polizei muss man sein, nachher kriegst a Weihnachtspackl ... Aber so ...«

Nein, das sah Tobias auf den ersten Blick, weder auf dem Stachus noch auf dem Marienplatz war er am heutigen Abend richtig aufgehoben. Es gab hier niemanden, der Zeit hatte, mit dem er einen kleinen freundlichen Plausch halten konnte, über das Wetter und dass der Winter früher viel schöner und strenger war als heuer.

Ja, aber wo sollte er denn hin, wenn er schon nicht daheim bleiben wollte, in seiner Stube. Ins Hofbräuhaus konnte er doch heut nicht gehn, das schickte sich wohl nicht. Und außerdem – die Bedienung wollte ja auch heim.

Alsdann, dachte Tobias Traxl, wo geht ein einsamer Mann hin in der Christnacht? – Er geht zu den Viechern, in den Zoo. Da stehn die Tiere und schaun dich an und du siehst sie an und keiner red nix – und keiner weiß was vom andern … und grad das ist recht.

Tobias Traxl ging ein paar Schritte zum Alten Peter hinüber, öffnete die Tür eines Wachskerzengeschäftes und schnupperte den Geruch von Honig und Weihrauch in sich ein.

»Bitt schön …«, sagte er, »ich möcht gern ein Dutzend Kerzen, von den gelben, nein, so teuer brauchen sie nicht zu sein, nur schön lang brennen sollen sie halt. Und dann möcht ich das winzige Christkindl, das in der Wiege mit den roten Backen, und den Rauschgoldengel und noch ein paar Kerzenhalter zum Anklammern. Zündhölzer hab ich selber, dank schön!«

Eben ließ die Glocke vom Alten Peter ihre dunklen Töne über den Straßenlärm dahinklingen, als Tobias Traxl zum Viktualienmarkt hinunterstieg – gerade noch rechtzeitig, bevor die Marktfrauen zusammenpackten.

»Wenn S' noch was wollen, jetzt pressiert's!«, sagte die eine zu ihm und hatte schon eine Tüte aus Zeitungspapier zusammengedreht.

»Nur immer langsam!«, antwortete Tobias Traxl. »Zuerst krieg i no zwei Kilo Äpfel, von denen großen, mürben da. Und ebenso viel Bananen – ein Kohlkopf darf es auch sein, für den Esel, oder zwei, und alsdann ist es alles. I brauch keinen Honig und keinen Käs' und ein Brathendl brauch i auch nicht, dank schön!«

Mit einem großen Paket vor der Brust ließ er sich in die Straßenbahn hineinquetschen und flüsterte nur ein ganz leises »Kruzifix«, von dem er hoffte, dass es der liebe Gott nicht hörte, als ihm eine sehr stattliche Dame mit einem sehr stattlichen Fuß auf die große Zehe stieg.

Während sich Tobias Traxl von der Tram durch die Münchner Stadt rütteln ließ und meinte, dass weit und breit kein Mensch mehr lebte, der an ihn dachte, sprachen die Kinder Kristina und Florian von ihm. Sie gingen auf der Straße, in der sie wohnten, auf und ab und freuten sich, dass in manchen Häusern schon das Licht angezündet wurde. Vor diesen Fenstern sahen sie den Schnee ganz besonders schön schimmern. Wenn man lange genug hinschaute, fühlte man sich, als ob man von einem riesengroßen Fahrstuhl in den Himmel hinaufgehoben würde.

»Nicht einmal einen Hund hat der Tobias«, sagte der Florian. »Was der heute Abend wohl so alleine machen mag? Die ganze Zeit kann er doch auch nicht in der Stadt bleiben. Nachher sind alle Leute in ihren Wohnungen, kein Mensch ist mehr auf der Straße und kälter wird's auch.«

»Meinst du, dass ihm niemand, wirklich gar niemand etwas schenkt? Nicht einmal eine Tafel Schokolade oder einen Tannenzweig?«, fragte Kristina.

»Ich glaube, niemand«, antwortete Florian. »Es sei denn, wir zwei tun es.«

»Wir? Aber wie wollen wir denn das machen?«

»Ich habe schon eine Idee«, sagte Florian.

Tobias Traxl war nun im Tierpark angelangt. Alle Wege und Bäume waren tief verschneit. Hier war es still. Weit und breit war kein Mensch. Es wurde nun auch schon dunkel und die Tiere standen in den Gehegen und schauten den einsamen Mann verwundert an. Tobias Traxl ging zu dem Kamel mit den großen, sanften Augen. Dicht daneben ließ ein kleiner grauer Esel seine Ohren spielen. Hier packte Tobias seine Sachen aus. Er stellte die Wiege mit dem Christuskind in den Schnee, hing den Engel ein wenig darüber an einem Tannenast auf und verteilte die Halter mit den aufgesteckten Kerzen im Drahtgeflecht des Gitters. Als er die Dochte mit seinen klammen Fingern entzündet hatte, sah es aus, als ob die Sterne am Himmel über der Krippe funkelten.

Dann fütterte er abwechselnd das Kamel und den Esel mit den Äpfeln, den Bananen und dem Kohl.

»Siegst'es«, sagte er zu dem Kamel, »dein Ururgroßvater hat vielleicht einen der Heiligen Drei Könige zum Herrn Jesus getragen und den Stern von Bethlehem gesehen. Und deshalb schaust du mich so weise an, als sei ich einer der armen Hirten. Vielleicht bist du Viech viel klüger und heiliger als wir Menschen. – Und du«, sagte er zu dem Esel, der die saftigen Äpfel zwischen den Zähnen zermalmte, »du bist vielleicht der Urururenkel von dem, der in die Krippe hat hineinschaun dürfen als Allererster. Ich glaube, das war noch eine stille Nacht, grad so wie jetzt hier, freilich nur viel heiliger ...«

Und während er so vor sich hin redete und sich die Lichter der flackernden Kerzen in den dunklen Augen der kauenden Tiere widerspiegelten, brummte Tobias Traxl noch: »Nur der Ochs, der fehlte mir bei den Tieren der Heiligen Nacht. Oder vielleicht fehlt er mir auch gar nicht, vielleicht bin ich's selbst.«

Deshalb durfte er sich auch selbst einen Apfel gönnen. Und sie kauten selbdritt, und es war Tobias Traxl plötzlich – als er ganz in der Ferne die heiligen Weisen vom Turm blasen hörte –, als ob sich der Himmel über der Stadt München öffnete und die Putten und Engel aus den vielen bayerischen Kirchen in der Höhe schwebten und jubilierten. Und das sind sehr, sehr viele. Eine große, himmlische Heerschar.

Währenddessen klingelten Kristina und Florian an vielen Wohnungstüren ihrer Straße. »Bitt schön«, sagten sie, »weil's Weihnachten ist.« Der Florian machte einen Diener und Kristina einen Knicks. »Es ist für den alten Tobias Traxl.«

Jedermann kannte ihn. Nur hatte gerade heute niemand an ihn gedacht. Die Kinder rannten treppauf und treppab und vergaßen sogar ihre eigene Bescherung vor lauter Eifer. Bei Frau Preisser fand sich eine Flasche Wein, Herr Pfannes hatte so schrecklich viele Kekse, dass er gerne eine Tüte abgeben konnte, und Herr Buttgereit schenkte eine große Kiste Zigarren her. Sogar einen Weihnachtsbaum bekamen sie, einen kleinen zwar nur, aber einen hübschen, denn Herr Krause hatte aus lauter Angst vor der eigenen Vergesslichkeit gleich zwei gekauft. Nachträglich musste er es daheim feststellen.

Die ganze Straße erinnerte sich an Tobias Traxl, der jeden grüßte, wenn er auf der Straße an ihm vorüberging. Nur gerade heute hätten sie ihn fast alle beinahe vergessen. Es hatte ja auch ein jeder noch so viel zu tun.

Die Hausmeisterin gab ihnen den Schlüssel zu Tobias Traxls Zimmer.

Florian und Kristina schmückten den Tannenbaum, sie behängten ihn mit Äpfeln und Zuckerzeug, sie schürten den

Ofen ein, sodass er ordentlich bullerte und glühte, und sie bauten die Geschenke auf dem Tisch mit der Spitzendecke auf. Dabei waren sie glücklicher, als sie es später mit den eigenen Geschenken daheim unter dem großen Tannenbaum waren.

Nur die Kerzen zündeten sie noch nicht an, aber sie legten eine Schachtel Streichhölzer auf den Tisch und schrieben einen Zettel: »Bitte die Kerzen auch bestimmt anzünden! – Frohe Weihnachten! Florian, Kristina und alle Nachbarn! An Tobias Traxl!«

Und Kristina malte noch einen großen Tannenzweig auf das Papier.

So vergaßen sie ihre Ungeduld und die Stunde der Bescherung kam für sie fast zu schnell herbei. Aber glücklicher waren sie noch an keinem Weihnachtsabend gewesen.

Als die Kerzen im Tierpark am Drahtgitter heruntergebrannt waren und die Tiere alles aufgefressen hatten, packte Tobias Traxl sein Christkindl und den Rauschgoldengel wieder ein, damit sie in der Nacht nicht frören.

Dunkel und kalt war es. Der Himmel war übersät mit Sternen und die Türme der Münchner Kirchen ragten als dunkle Umrisse in die milde Lichtglocke, die über der Stadt lag.

Tobias Traxl ging langsam nach Hause. Er hatte es ja nicht eilig. Die Straßen waren menschenleer. Dafür sah er hinter den Fenstern in allen Stockwerken die Lichterbäume brennen, er hörte fröhliches Kinderlachen und aus allen Häusern die gleichen Weihnachtslieder – aus dem Radio oder Fernseher.

Die alten Weihnachtslieder – sie sind halt immer wieder schön, Jesus, Maria und Josef!

»Und nachher? Nachher trink ich ein Bier und leg mich ins Bett. Eine schöne Weihnacht hab ich nun doch gehabt ...«

Aber – als er seine Tür öffnete und ihm die Wärme und der vertraute Duft entgegenströmten, da meinte er erst, er habe sich im Zimmer geirrt. Verwundert rieb er sich die Augen.

»Ja, gibt's denn so was auch«, brummte er gerührt. »Entweder sind die Heiligen Drei Könige hier gewesen, weil ich ihr Kamel gefüttert hab, oder das Christkind war's selbst – vielleicht, weil ich eben doch der Ochs bin, der zu dem Esel an die Krippe gehört.«

Und als er die Kerzen anzündete, fing er zwar falsch, aber aus vollem Herzen zu singen an: »Stille Nacht, heilige Nacht«, und dachte bei sich: Sei nur ruhig, Tobias, brauchst nicht traurig zu sein, du hast es ja immer gewusst, dass es das Christkind wirklich gibt, und auch die anderen können es nicht vergessen, weil sie immer wieder durch die Kinder daran erinnert werden. Sakradi – Kruzifix – Himmeldonnerwetter!

Der liebe Gott überhörte gnädig diesen Fluch. Es war ja der Heilige Abend.

Felicitas Hoppe

Der erste Schnee

Kommt der erste Schnee
Fällt auf Dach und See
Legt sich hinterm Gartenzaun
In den hohen Apfelbaum
Auf die Ohren, auf die Mütze
Und auf deine Nasenspitze

Lässt sich weiß auf Wegen nieder
Schnell auf deine Augenlider
Und hinein in deinen Mund
Schnee zu essen, ist gesund!

Heb ihn auf und mach ihn rund:
Rolle rasch und auf die Schnelle
Kleine weiße Flockenbälle
Wirf sie aus der weißen Welt
Hoch hinauf ins Sternenzelt!

Kommt der Schnee, dann kommt er leise
Nimmt dich mit auf Winterreise
Schneit dich ein von Kopf bis Fuß
Süßer weißer Wintergruß

Festlich sanft und still und leicht
Hast du bald dein Ziel erreicht
In der Ferne strahlt ein Licht –
Fertig ist das Schneegedicht!

Erich Kästner

Das Geschenk

Der 24. Dezember begann im Johann Sigismund-Gymnasium mit einem Höllenspektakel. Die Jungen rasten wie die Wilden die Treppen hinauf und herunter. Der eine hatte seine Zahnbürste aus Versehen im Waschsaal liegen lassen. Der andere suchte den Kofferschlüssel wie eine Stecknadel. Der dritte hatte vergessen, die Schlittschuhe einzupacken. Der vierte holte Verstärkung, weil der Koffer zu voll war und nur schloß, wenn sich mindestens drei Mann daraufsetzten.

Die Primaner taten zwar, als ob sie es bei weitem weniger eilig hätten. Aber wenn sie niemand beobachtete, rasten sie ganz genau wie die Kleineren durch die Korridore.

Gegen zehn Uhr früh war die Schule schon halb leer. Die anderen, die später fuhren, machten zwar noch genügend Radau. Aber der Kenner spürte doch schon, daß die Auswanderung begonnen hatte.

Mittags zog dann der nächste Trupp durchs weitgeöffnete Tor. Die Mützen saßen schief auf den Köpfen. Die schweren Koffer schleppten im Schnee.

Matthias kam ein paar Minuten danach hinterhergestolpert. Er hatte sich bei Uli verspätet. Johnny stand am Tor und gab ihm die Hand.

»Paß gut auf den Kleinen auf!« sagte Matthias. »Ich werde ihm öfters schreiben, Und laß dir's gut gehen!«

»Gleichfalls«, meinte Johnny Trotz. »Ich passe auf. Aber nimm die Beine untern Arm. Sebastian ist bereits vorausgegangen.«

»Man hat's schwer«, stöhnte Matz. »Zum Bäcker Scherf muß ich auch noch. Sonst verhungere ich im Zug. Und das kann ich meinen alten Herrschaften doch nicht antun. Hör mal, Dichterfürst, wo ist denn eigentlich Martin Thaler, auch das Dreimarkstück genannt? Ich wollte mich nämlich von ihm verabschieden. Aber ich finde ihn nirgends. Und ohne ihn ist das unmöglich. Na, grüß ihn bestens. Und er soll mir einen Kartengruß zukommen lassen, damit ich weiß, mit welchem Zug er in unser Bildungsinstitut zurückfährt.«

»Schon gut«, sagte Johnny. »Ich werde es ausrichten. Nun halte aber den Mund und mach, daß du fortkommst!«

Matz hob den Koffer auf die linke Schulter, rief: »Mensch, ich krieg 'nen Punchingball!« und zog wie ein studierter Gepäckträger davon.

Der Bahnhof wimmelte von Gymnasiasten. Die einen wollten nach dem Norden fahren, die anderen nach Osten. Die zwei Züge, auf die man wartete, passierten Kirchberg kurz hintereinander.

Die Primaner spazierten mit ihren Tanzstundendamen die Bahnsteige entlang und plauderten weltmännisch. Man überreichte einander Blumen und Lebkuchen. Der schöne Theodor erhielt von seiner Tangopartnerin, einem gewissen Fräulein Malwine Schneidig, ein Zigarettenetui, das beinahe echt war. Er zeigte es stolz den anderen Primanern. Sie wurden hellgelb vor Neid.

Sebastian, der in der Nähe stand und einen Haufen Unterklassianer um sich versammelt hatte, riß auf Kosten der Primaner Witze und hatte großen Heiterkeitserfolg.

Endlich kam auch Matthias an. Er setzte sich auf seinen Koffer und aß sechs Stück Kuchen. Anschließend lief der erste der beiden Züge ein. Die Gymnasiasten, die nach Norden reisten, erstürmten ihn wie eine feindliche Festung. Dann schauten sie aus den Abteilfenstern und unterhielten sich so laut wie möglich mit denen, die noch warten mußten. Ein Sekundaner streckte eine Tafel aus dem Zug. Auf der Tafel stand: »Parole Heimat!« Ein Sexer kletterte heulend wieder aus dem Zug heraus. Der kleine Trottel hatte seinen Koffer auf dem Bahnsteig stehen lassen. Er fand ihn aber und kam noch zurecht.

Als der Zug abfuhr, schwenkten alle die Mützen. Und die Tanzstundendamen winkten mit ihren winzigen Taschentüchern. Man rief: »Frohe Weihnachten!« Andere brüllten: »Prost Neujahr!« Und Sebastian schrie: »Fröhliche Ostern!« Dann fuhr der Zug aus der Halle.

Es ging auch weiterhin außerordentlich fidel zu. Und außer dem Stationsvorsteher waren alle guter Laune. Er atmete erst auf, als auch der zweite Zug hinausschnaufte und als weit und breit kein Gymnasiast mehr zu sehen war. Von seinem Standpunkt aus hatte er ja recht.

Das Schulhaus war wie ausgestorben. Das Dutzend Schüler, das erst am Nachmittag fuhr, spürte man überhaupt nicht.

Da zog der Justus seinen Wintermantel an und ging in den stillen weißen Park hinunter. Die Gartenwege waren zugeschneit. Unberührt lagen sie da. Verschwunden waren Lärm und Gelächter. Johann Bökh blieb stehen und lauschte dem raschelnden Schnee, den der Wind von den Zweigen pustete. Na also, die große Ruhe und die große Einsamkeit konnten beginnen!

Als er in einen Seitenweg einbog, bemerkte er Fußtapfen. Es waren die Abdrücke von ein paar Knabenschuhen. Wer lief denn jetzt allein im Park umher?

Er folgte den Spuren. Sie führten zu der Kegelbahn hinunter. Der Justus schlich auf den Zehenspitzen durch den Schnee, an der Schmalseite des Schuppens entlang, und blickte vorsichtig um die Ecke.

Auf der Brüstung saß ein Junge. Er hatte den Kopf an einen der hölzernen Pfeiler gelehnt und starrte zu dem Himmel hinauf, über den die schweren Schneewolken hinzogen.

»Hallo!« rief der Justus.

Der Junge zuckte zusammen und drehte sich erschrocken um. Es war Martin Thaler. Er sprang von der Brüstung herunter. Der Lehrer ging näher. »Was machst du denn hier unten?«

»Ich wollte allein sein«, meinte der Junge.

»Dann entschuldige die Störung«, sagte der Justus. »Aber es trifft sich ganz gut, dass ich dir begegne. Warum hast du denn gestern früh so saumäßig schlecht gelesen, hm?«

»Ich dachte an etwas anderes«, antwortete Martin betreten.

»Hältst du das für eine passende Entschuldigung, wie? Und warum hast du gestern abend so miserabel Theater gespielt? Und warum hast du gestern und heute im Speisesaal fast nichts gegessen?«

»Da hab ich auch an etwas anderes denken müssen, Herr Doktor«, erwiderte Martin und schämte sich in Grund und Boden.

»So. Woran mußtest du denn denken? An Weihnachten?«

»Jawohl, Herr Doktor.«

»Na, besonders drauf zu freuen scheinst du dich ja nicht.«

»Nein, nicht besonders, Herr Doktor.«

»Wann fährst du denn heim? Mit dem Nachmittagszug?«

Da liefen dem Primus der Tertia zwei große Tränen aus den Augen. Und dann noch zwei Tränen. Aber er biß die Zähne zusammen, und da kamen keine Tränen weiter. Schließlich sagte er: »Ich fahre gar nicht nach Hause, Herr Doktor.«

»Nanu«, meinte der Justus. »Du bleibst während der Ferien in der Schule?«

Martin nickte und wischte mit dem Handrücken die vier Tränen fort.

»Wollen denn deine Eltern nicht, daß du kommst?«

»Doch, Herr Doktor, meine Eltern wollen.«

»Und du? Willst du denn nicht?«

»Doch. Ich will auch, Herr Doktor.«

»Na, zum Donnerwetter noch einmal!« rief der Justus. »Was soll das denn heißen? Sie wollen! Du willst! Und trotzdem bleibst du hier? Woran liegt das denn?«

»Das möchte ich lieber nicht sagen, Herr Doktor«, meinte Martin. »Darf ich jetzt gehen?« Er drehte sich um und wollte fortlaufen.

Aber der Lehrer hielt ihn fest. »Moment, mein Sohn!« sagte er: Dann beugte er sich zu dem Jungen hinab und fragte ihn sehr leise, als dürften es nicht einmal die Bäume hören: »Hast du etwa kein Fahrgeld?«

Da war es mit Martins tapferer Haltung endgültig vorbei. Er nickte. Dann legte er den Kopf auf die schneebedeckte Brüstung der Kegelbahn und weinte zum Gotterbarmen. Der Kummer packte den Jungen im Genick und schüttelte und rüttelte ihn hin und her.

Der Justus stand erschrocken daneben. Er wartete eine Weile. Er wußte, daß man mit dem Trösten nicht zu früh beginnen darf. Dann nahm er sein Taschentuch, zog den Jungen zu sich heran und wischte ihm das Gesicht ab. »Na, na«, sagte er. »Na, na.« Er war selber ein bißchen mitgenommen. Er mußte ein paarmal energisch husten. Dann fragte er: »Was kostet denn der Spaß?«

»Acht Mark.«

Der Justus holte seine Brieftasche heraus, nahm einen Geldschein und sagte: »So, da hast du zwanzig Mark. Das reicht für die Heimfahrt und für die Rückreise.«

Martin starrte entgeistert auf die Banknote. Dann schüttelte er den Kopf. »Nein, das geht nicht, Herr Doktor.«

Der Justus steckte ihm den Schein in die Jackettasche und meinte: »Willst du gleich folgen, du Lümmel?«

»Ich habe aber selber noch fünf Mark«, murmelte Martin.

»Ja, willst du denn deinen Eltern nichts schenken?«

»Doch, sehr gern. Aber ...«

»Siehst du wohl!« sagte der Hauslehrer.

Martin rang mit sich. »Vielen, vielen Dank, Herr Doktor. Aber ich weiß nicht, wann Ihnen meine Eltern das Geld zurückzahlen können. Mein Vater hat nämlich keine Stellung. Hoffentlich finde ich Ostern einen Sextaner, dem ich Nachhilfe geben kann. Hat es solange Zeit?«

»Willst du gleich den Mund halten?« sagte Doktor Bökh streng. »Wenn ich dir am Heiligen Abend das Reisegeld schenke, dürft ihr mir's gar nicht wiedergeben! Das wäre ja noch schöner!«

Martin Thaler stand neben seinem Lehrer und wußte nicht, was er tun und wie er sich bedanken sollte. Endlich griff er zaghaft nach der Hand des Mannes und drückte sie leise.

»Na, nun pack aber deinen Koffer!« sagte der Justus. »Und grüße deine Eltern schön von mit. Vor allem deine Mutter. Die kenne ich ja schon.«

Der Junge nickte. Dann erwiderte er: »Und grüßen Sie, bitte, auch Ihre Mutter vielmals!«

»Das wird leider nicht möglich sein«, meinte Doktor Bökh. »Meine Mutter ist seit sechs Jahren tot.«

Martin machte eine Bewegung. Es sah fast aus, als wolle er

seinem Lehrer um den Hals fallen: Er tat es natürlich nicht, sondern trat respektvoll zurück und blickte den Justus lange und treuherzig an.

»Schon gut«, sagte Doktor Bökh. »Ihr habt mir ja den Nichtraucher beschert. Mit dem werde ich heute abend Weihnachten feiern. Drüben in seiner Eisenbahnvilla. Und um Uli und dessen Eltern und um Johnny Trotz muß ich mich auch ein bißchen kümmern. Du siehst, sehr viel Zeit zum Einsamsein werde ich gar nicht haben.« Dann klopfte er dem Jungen auf die Schulter und nickte freundlich: »Glückliche Reise, Martin.«

»Und nochmals vielen Dank«, sagte der Junge leise. Dann drehte er sich um und rannte davon. Zur Schule hinauf. Ins Schrankzimmer.

Der Justus aber spazierte weiter durch den stillen verschneiten Park. Bis zum Zaun. Dort sah er sich vorsichtig nach allen Seiten um. Und dann kletterte er, genau wie einst als Junge, über den Zaun hinweg. Es ging noch ganz gut. »Gelernt ist gelernt«, sagte er zu einem frierenden Sperling, der ihm neugierig zuschaute.

Und dann besuchte er den Nichtraucher. Der hatte einen kleinen Tannenbaum besorgt. Und den behängten sie nun gemeinsam mit Lametta und vergoldeten Nüssen.

Als Martin den Koffer packte, kam Johnny ins Schrankzimmer. »Da bist du ja!« rief er. »Matz wollte sich von dir verabschieden. Du sollst ihm nach Hause schreiben und mitteilen, mit welchem Zug du wieder zurückfährst.«

»Mach ich«, meinte Martin vergnügt.

»Na, allmählich scheinst du ja wieder normal zu werden«, sagte Johnny erfreut. »Ich dachte schon, du wärst übergeschnappt. Was war denn? Hm?«

»Frag mich nicht«, bat Martin. (Denn er konnte doch nicht gut Johnny, der überhaupt kein Zuhause hatte, von seinem Kummer erzählen!) »Ich kann dir nur sagen, daß der Justus ein Mensch ist, wie es keinen zweiten gibt.«

»Hältst du das etwa für eine Neuigkeit?« fragte Johnny.

Beim Packen fiel Martin »Der Einsiedler« in die Hände. Jenes Bild, das er für den Nichtraucher gemalt hatte. »Herrje«, sagte er. »Viel Sinn hat das Bild ja nun nicht mehr. Denn nun ist er ja kein Einsiedler mehr, sondern unser Schularzt. Aber vielleicht freut's ihn doch?«

»Sicher«, meinte Johnny. »Es ist doch eine Erinnerung für ihn. An das vergangene einsame Jahr. Ich geb's ihm heute abend.«

Und dann stiegen sie zu Uli hinauf. Der Kleine hatte Besuch. Er lag glücklich lächelnd im Bett, und die Eltern saßen neben ihm.

»Das sind ja schöne Geschichten«, meinte Herr von Simmern.

»Er macht es bestimmt nicht wieder«, erklärte Martin.

Ulis Mutter schlug die Hände überm Kopf zusammen. »Das fehlte auch noch!«

»Es gibt schlimme Erlebnisse, die sich nicht umgehen lassen«, sagte Johnny Trotz. »Wenn Uli nicht das Bein gebrochen hätte, wäre er sicher noch viel kränker geworden.«

Die Eltern blickten Johnny verständnislos an.

»Er ist ein Dichter«, erklärte Uli.

»Aha«, meinte der Vater. »Das ist natürlich etwas anderes.«

Die beiden Jungen gingen rasch wieder. Uli versprach Martin, so schnell wie möglich wieder gesund zu werden.

Johnny und Martin trennten sich am Gartentor. Johnny spürte, daß Martin etwas wissen wollte und sich nicht zu fragen traute.

»Es ist alles Gewöhnung«, sagte Johnny. »Und man kann sich seine Eltern nicht aussuchen. Wenn ich mir manchmal vorstelle, daß sie eines Tages hier auftauchen könnten, um mich zu holen, dann merk ich erst, wie froh ich bin, daß ich allein bleiben kann. Der Kapitän trifft übrigens am 3. Januar in Hamburg ein, will mich besuchen und mit mir zwei Tage nach Berlin fahren. Das wird fein.« Er nickte dem anderen zu.

»Mach dir keine Sorgen. Sehr glücklich bin ich nicht. Das wäre gelogen. Aber ich bin auch nicht sehr unglücklich.«

Sie gaben einander die Hand. »Was hast du denn in dem Paket?« fragte Johnny. Denn Martin hatte sein Weihnachtspaket nicht mehr in den Koffer gebracht.

»Wäsche«, erwiderte Martin. Es war dieselbe Antwort, die er gestern Matthias gegeben hatte. Er konnte doch nicht Johnny erzählen, daß er seine eigenen Weihnachtsgeschenke mit nach Hause nahm! Daß er sie aus Kirchberg mitnahm, statt sie in Hermsdorf unterm Christbaum vorzufinden!

Unten in der Stadt kaufte er ein Kistchen Zigarren für seinen Vater. Fünfundzwanzig Stück. Mit Bauchbinde und mit Havannadeckblatt. Und in einem Trikotagengeschäft kaufte er für seine Mutter ein Paar warme, gestrickte Pantoffeln. Denn ihre Kamelhaarschuhe waren seit langem reif zum Wegwerfen. Aber sie sagte immer: »Die halten noch zehn Jahre.« Dann wanderte er schwer beladen zum Bahnhof.

Am Schalter verlangte er: »Einmal dritter Klasse nach Hermsdorf.«

Der Beamte gab ihm die Fahrkarte. Geld gab er ihm auch zurück.

Martin steckte alles sorgfältig in die Tasche. Dann sagte er: »Besten Dank, mein Herr« und blickte den Mann strahlend an.

»Warum freust du dich denn so?« fragte der Beamte.
»Weil Weihnachten ist«, gab der Junge zur Antwort.

Janosch
Die Bärenweihnacht

In dem einen Jahr, da geschah es, dass der alte Korbinian zu Weihnachten ganz allein war. Seine Freunde waren weg, und niemand hatte zu ihm gesagt: »Du kannst doch ganz einfach zu uns kommen. Ja, komm doch zu uns, wir warten, bis du kommst.« Und so war der alte Korbinian allein geblieben. Er hatte auch kein Holz mehr zum Heizen, und es fror ihn an den Händen.

»Ich werde vielleicht über die Felder gehen«, sagte er zu sich, »das macht warm.« Und er ging an den Häusern vorbei, aus der Stadt hinaus bis zu der Böschung, von wo aus man den Fluss sehen kann. Er ging so vor sich hin und merkte mit einem Mal, dass jemand neben ihm ging. Ein Fuchs! Sie gingen eine Weile nebeneinander her, und keiner fragte den anderen, woher oder wohin. Bald sah der alte Korbinian, dass auch noch fünf Krähen und zwei Hasen, sieben Waldmäuse und ein Wiesel mitgingen. Und sie gingen nebeneinander und setzten einen Fuß vor den andern, und keiner sagte ein Wort, denn Tiere sind wortkarg. Erst bei der Buche beim kleinen Wald kratzte ihn der eine Hase am Bein und sagte in der Hasensprache: »Ob Sie mich, bitte schön, tragen könnten, Herr Korbinian? Ein kleines Stück bloß. Nicht weit. Ich bin auch gar nicht schwer. Hasengewicht. Meine Beine – wissen Sie, mir ist so kalt. Auch bin ich nicht mehr der Jüngste.«

Da nahm Korbinian den Hasen auf die Schulter. Bald krochen die Waldmäuse in seine Taschen und das Wiesel unter seine Jacke. Dann nahmen auch die größeren Tiere die kleineren auf den Rücken, weil ihnen die Beine wehtaten. Sie waren zusammen schon vierundsechzig Waldtiere, elf Vögel und ein Hund aus einem fremden Dorf. »Ein kleines Stück bloß noch«, flüsterte das Wiesel dem Korbinian ins Ohr, »wir gehen nämlich zum Bären. Bei ihm ist es warm, und heute ist doch die große Nacht. Der Bär ist der König.« Ich weiß schon, manche denken, es gäbe gar keine Bären. Aber in solchen Nächten gibt es doch Bären!

Der Bär war böse. »Wer ist der Mensch? Wo habt ihr ihn her, wer hat ihn mitgebracht? Noch nie war ein Mensch hier, nie!« Da setzte sich ein kleiner Hänfling auf die Bärenschulter des Königs und sang ihm ins Ohr: »Ich, bitte schön, Herr König. Ich kenne ihn. Er ist der Korbinian. Ich kenne ihn sogar persönlich. Sie wissen schon, er hat mich im vorigen Jahr auf dem Vogelmarkt gekauft und freigelassen. So etwas tat vorher noch niemand. Das ist eine Tat, Herr Bär, und ich lege für ihn meine Flügel ins Feuer, wenn Sie wollen. Meine Familie und ich haben den ganzen Sommer das Lied von dem wunderbaren Mann gesungen, Sie werden sich vielleicht erinnern. Er soll, bitte, bleiben.«

Da drängten sich die Stadtmäuse nach vorn und riefen: »Ja, ja! Das stimmt! Er ist der Korbinian. Wir kennen ihn gut. Wir haben immer sein Brot unter uns geteilt. Jeder die Hälfte, ganz ehrlich. Er ist ein guter Mensch, Herr König. Und wo sollte er überhaupt hingehen, wenn Sie ihn wegschicken? Wo denn hin?« – Da wurden die Augen des Bären ganz hell, und er wischte sich mit der Pfote über die Schnauze und sagte: »Er bleibt.«

Die Tiere setzten sich um den Bären, und ihre Augen sahen aus wie klares Wasser. »Macht die Lichter an, Freunde!«, sagte der Bär, und die Adler flogen zu den Sternen und putzten sie mit ihren Flügeln blank. Das war eine Nacht, die so groß war, dass den Korbinian die Erde nicht mehr unter den Füßen drückte. »Und was habt ihr mir zu sagen, Tiere?«, fragte der Bär. Ein Hamster trat vor, knöpfte seinen Pelz auf und sagte: »Hier ist ein Schmetterling, Herr König. Ich habe einen Schmetterling vor dem Erfrieren gerettet.« Er legte ihn dem König zur Probe auf die Pfote, damit er ihn spüren konnte, und steckte ihn dann vorsichtig wieder unter die Pelzjacke. Da hörte Korbinian, wie jemand neben ihm flüsterte: »Der Mann! Vielleicht hat der Mann Hunger.« Und er merkte, wie ein Eichhörnchen ihm seinen Nussvorrat in die Tasche steckte. Heimlich, und alle Nüsse geknackt. Er probierte die Nüsse, sie waren so wie früher, als er noch nicht allein war. Hinter dem Rücken verteilte er sie weiter an die Waldmäuse. Und er hörte, wie jemand sagte: »Vielleicht friert es den Korbinian.« Da legten sich die Hasen auf seine Füße und wärmten ihn. Der Bär deckte ihn mit seinem Fell zu, und Korbinian sah den Himmel, und die Sterne waren gar nicht mehr weit. Und der Hamster flüsterte ihm ins Ohr: »Ich könnte dir meinen Schmetterling schenken, wenn du magst. Ich selber brauche ihn ehrlich nicht.«

Der Hänfling setzte sich ganz nah bei seinem Gesicht nieder, und als er den Schnabel auf seinen Schnurrbart legte, da träumte der alte Korbinian vom lieben Gott.

Franz Hohler
Weihnachten – wie es wirklich war

War es so?

Maria kam gelaufen
Josef kam geritten
Das Jesuskindlein war glücklich
Der Ochse erglänzte
Der Esel jubelte
Der Stern schnaufte
Die himmlischen Heerscharen lagen in der Krippe
Die Hirten wackelten mit den Ohren
Die Heiligen Drei Könige beteten
Alle standen daneben

Oder so?

Maria lag in der Krippe
Josef erglänzte
Das Jesuskindlein kam gelaufen
Der Ochse war glücklich
Der Esel stand daneben
Der Stern jubelte
Die himmlischen Heerscharen kamen geritten
Die Hirten schnauften
Die Heiligen Drei Könige wackelten mit den Ohren
Alle beteten

Oder so?

Maria schnaufte
Josef betete
Das Jesuskindlein stand daneben
Der Ochse kam gelaufen
Der Esel kam geritten
Der Stern lag in der Krippe
Die himmlischen Heerscharen wackelten mit den Ohren
Die Hirten erglänzten
Die Heiligen Drei Könige waren glücklich
Alle jubelten

Oder so?

Maria jubelte
Josef war glücklich
Das Jesuskindlein wackelte mit den Ohren
Der Ochse lag in der Krippe
Der Esel erglänzte
Der Stern betete
Die himmlischen Heerscharen standen daneben
Die Hirten kamen geritten
Die Heiligen Drei Könige kamen gelaufen
Alle schnauften

Oder etwa so?

Maria betete
Josef stand daneben
Das Jesuskindlein lag in der Krippe

Der Ochse schnaufte
Der Esel wackelte mit den Ohren
Der Stern erglänzte
Die himmlischen Heerscharen jubelten
Die Hirten kamen gelaufen
Die Heiligen Drei Könige kamen geritten
Alle waren glücklich

Ja, so.

Dino Buzzati

Zu viel Weihnachten

»Entsinnst du dich noch«, fragte im Paradies der Tiere die Seele des Eselchens die Seele des Ochsen, »entsinnst du dich noch zufällig jener Nacht vor vielen Jahren, als wir in einer Art Hütte standen, und gerade dort in der Krippe ...?«

»Lass mich nachdenken! Ja richtig«, bestätigte der Ochse, »in der Krippe lag ein neugeborenes Kind. Wie hätte ich das vergessen können? Es war ein so schönes Kind.«

»Seit damals, wenn ich nicht irre«, sagte nun das Eselchen, »weißt du, wie viele Jahre seit damals vergangen sind?«

»Wo denkst du hin, ich mit meinem Ochsengedächtnis.«

»Eintausendneunhundertsechzig.«

»Was du nicht sagst!«

»Weißt du übrigens, wer das Kind gewesen ist?«

»Wie soll ich das wissen? Es waren doch Leute auf der Durchreise. Gewiss ein wunderschönes Kindlein. Merkwürdig, dass es mir nie aus dem Sinn gekommen ist, und dabei schienen seine Eltern doch ganz gewöhnliche Menschen. Sag mir, wer war es?«

Das Eselchen flüsterte etwas ins Ohr des Ochsen.

»Aber nein«, sagte dieser verblüfft, »wirklich? Du scherzt doch wohl nur?«

»Nein, es ist die reine Wahrheit. Ich schwöre ... übrigens hatte ich es schon damals sofort verstanden.«

»Ich nicht, ich gebe es zu«, sagte der Ochse, »aber du bist eben intelligenter als ich. Ich habe es nicht einmal geahnt. Obwohl es wirklich ein wunderschönes Kind war.«

»Nun gut, seit damals feiern die Menschen jedes Jahr ein großes Fest zu seinem Geburtstag. Es gibt keinen schöneren Tag für sie. Wenn du sie nur sehen könntest. Es ist eine Zeit allgemeiner Heiterkeit, der Seelenruhe, der Sanftmut, des Friedens, der Familienfreuden, des Sichgernehabens. Selbst Mörder werden zahm wie Lämmer. Weihnacht nennen es die Menschen. Übrigens, mir kommt ein guter Gedanke. Da wir schon davon sprechen, soll ich sie dir zeigen?«

»Wen?«

»Die Menschen, die Weihnachten feiern.«

»Wo?«

»Unten auf der Erde.«

»Warst du schon einmal dort?«

»Jedes Jahr mache ich einen Sprung hinunter. Ich habe einen besonderen Passierschein. Aber ich denke, du wirst auch einen bekommen, denn nach allem könnten wir zwei wohl auch auf etwas Anerkennung Anspruch erheben.«

»Weil wir das Kindlein damals mit unserem Atem wärmten?«

»Komm, beeile dich, wenn du nicht das Beste versäumen willst. Heute ist Heiliger Abend.«

»Und mein Passierschein?«

»Sofort gemacht, ich habe einen Vetter im Passamt.«

Der Passierschein wurde bewilligt. Sie setzten sich in Bewegung, und unendlich leicht, wie es körperlosen Säugetieren eigen ist, schwebten sie vom Himmel auf die Erde. Bald entdeckten sie ein Licht und hielten darauf zu. Aus einem wurden Tausende, es war eine riesenhafte Stadt.

Und da durchwanderten nun Eselchen und Ochse, unsichtbar, die Straßen des Zentrums. Da es sich um Geister handelte, fuhren Autobusse, Automobile, Straßenbahnwagen durch sie hindurch, ohne Schaden anzurichten, und selbst durch Mauern war es ihnen gegeben zu gehen, als ob sie Luft wären. So vermochten sie alles nach Herzenslust zu betrachten.

Es war wirklich ein eindrucksvolles Schauspiel: Tausende von Lichtern in den Schaufenstern, Blumengewinde, Girlanden, unzählige Tannenbäume; die ungeheure Stauung der Wagen, die sich abmühten, durch enge Straßen zu fahren, und das wirblige Gewimmel und Hin und Her der Menschen, die sich in den Läden drängten, hinein- und wieder herausströmten, sich mit Paketen und Paketchen beluden und alle gespannte Gesichter hatten, als würden sie gejagt. Das Eselchen schien bei diesem Anblick wie verzückt, während der Ochse sich voller Entsetzen umsah.

»Höre, Freund Eselchen, du hast mir gesagt, dass du mir Weihnachten zeigen wolltest! Du hast dich wohl geirrt. Ich sage dir, hier ist doch Krieg!«

»Siehst du denn nicht, wie zufrieden alle sind?«

»Zufrieden? Mir kommen sie wie Wahnsinnige vor. Sieh doch auf ihre besessenen Gesichter, ihre fiebrigen Augen.«

»Du bist eben ein Provinzler, mein lieber Ochse, und du bist nie aus dem Paradies herausgekommen. Du verstehst die modernen Menschen nicht. Um sich zu unterhalten, um sich zu freuen, um sich glücklich zu fühlen, haben sie es nötig, ihre Nerven zu ruinieren.«

Laufburschen auf Fahrrädern, die gefährlich große Paketbündel balancierten, zogen vorbei; Lieferwagen wurden be- und entladen; riesige Mengen von Süßigkeiten und Berge von Blumen lösten sich unter dem Ansturm keuchender Menschen auf; Lampen blitzten und verloschen; seltsame Lieder, die Schreien ähnelten, dröhnten von allen Seiten. Dank seiner körperlosen Natur flog der Ochse neugierig zu einem Fenster im siebten Stock hinauf. Das Eselchen folgte gutmütig.

Sie sahen in ein reich möbliertes Zimmer, wo eine sorgenvolle Dame vor einem Tisch saß. Linker Hand lag ein Haufen von fast einem halben Meter farbiger Karten und Kärtchen aufgebaut und rechts von ihr ein Stoß weißer Billetts. Die Dame, sichtlich bemüht, keine Minute zu verlieren, nahm hastig ein farbiges Kärtchen, betrachtete es einen Augenblick lang, sah in einem dicken Buch nach und schrieb sodann etwas auf eines der weißen Billetts, steckte es in einen Umschlag, schloss den Umschlag, dann nahm sie vom linken Stoß ein neues buntes Kärtchen und wiederholte die ganze Prozedur. Ihre Hände bewegten sich so schnell, dass man ihnen kaum folgen konnte. Aber der Haufen bunter Kärtchen hatte einen eindrucksvollen Umfang. Wie lange würde sie wohl brauchen, um alles zu erledigen? Man sah es der Unglücklichen an, dass sie fast nicht mehr konnte, und dabei war sie erst am Anfang.

»Hoffentlich bezahlen sie sie wenigstens gut für solche Schufterei«, sagte der Ochse.

»Bist du naiv, lieber Freund! Das ist eine außerordentlich reiche Dame aus der besten Gesellschaft.«

»Und warum arbeitet sie sich dann zu Tode?«

»Sie arbeitet sich gar nicht zu Tode, sie antwortet nur auf Glückwunschkarten.«

»Glückwunschkarten? Was nützen die?«

»Nichts, absolut nichts. Aber wer weiß warum, die Leute haben jetzt eine besondere Vorliebe dafür.«

Sie sahen in ein anderes Zimmer hinein. Auch da saßen Leute mit Schweißperlen auf der Stirn und in Aufregung und schrieben Glückwünsche auf Glückwunschkarten. Überall, wo die beiden Tiere hineinschauten, richteten Männer und Frauen Päckchen, schrieben Adressen, liefen ans Telefon, eilten blitzschnell von einem Zimmer ins andere, Schnüre, Bänder, Kärtchen, Gehänge tragend, während junge Dienstboten mit von Müdigkeit gezeichneten Gesichtern weitere Päckchen, weitere Schachteln, weitere Blumen und neue Stöße von Briefen, Rollen, Kärtchen und Bogen herbeischleppten. Und alles war Hast, Aufregung, Verwirrung, Mühe und eine schreckliche Anstrengung.

Überall, wo sie hinkamen, zeigte sich ihnen dasselbe Schauspiel. Kommen und Gehen, Kaufen oder Verpacken, Absenden oder Empfangen, Einwickeln, Auswickeln, Rufen und Antworten. Und alle blickten immer nach der Uhr, alle hasteten, alle keuchten von Furcht besessen, nicht zur Zeit fertig zu werden, jemand brach zusammen, schnappte nach Luft unter der immer größer werdenden Flut der Pakete, Päckchen, Kärtchen, Kalender, Geschenke, Telegramme, Briefe, Karten, Billetts und so weiter.

»Du hast mir doch gesagt«, bemerkte der Ochse, »dass es ein Fest der Heiterkeit, des Friedens und der Seelenruhe sei.«

»Tja«, antwortete das Eselchen –, »einmal war es auch so. Aber was soll ich dir sagen, seit einigen Jahren scheinen die Menschen beim Nahen des Weihnachtsfestes wie von einer geheimnisvollen Tarantel gestochen und verstehen rein gar nichts mehr. Hör ihnen doch zu.«

Verwundert hörte der Ochse hin. In den Straßen, den Geschäften, den Büros, den Fabriken sprachen die Menschen schnell miteinander und wechselten, wie Automaten, monotone Redensarten: »Fröhliche Weihnachten« – »Gesegnete Weihnachten« – »Danke, auch Ihnen« – »Fröhliche Weihnachten« – »Gesegnete Weihnachten« – »Danke« – »Fröhliche Weihnachten« – »Fröhliche Weihnachten« ... Es war ein Geflüster, das die ganze Stadt erfüllte.

»Glauben sie denn daran?«, fragte der Ochse. »Meinen sie es wirklich so? Lieben sie ihren Nächsten?«

Das Eselchen schwieg.

»Wollen wir nicht etwas abseits gehen?«, schlug der Ochse vor, »der Kopf brummt mir, und ich habe Sehnsucht nach dem, was du Weihnachtsstimmung nennst.«

»Im Grunde auch ich«, gab das Eselchen zu.

So schlüpften sie durch die wirbelnden Schleusen der Wagen, entfernten sich ein wenig vom Zentrum, von den Lichtern, dem Lärm, der Raserei.

»Du, der mehr davon versteht als ich«, begann der Ochse, immer noch wenig überzeugt, »sag mir doch, bist du wirklich sicher, dass das dort keine Verrückten sind?«

»Nein, nein, es ist eben einfach Weihnachten.«

»Dann ist dort zu viel Weihnachten. Erinnerst du dich noch damals in Bethlehem an die Hütte, die Hirten und das schöne Kind? Auch dort war es kalt, aber welcher Frieden, welche Zufriedenheit. Wie anders war es damals.«

»Ja, und die fernen Klänge des Dudelsacks, die man nur ganz leise hörte.«

»Und das sanfte Flügelschlagen auf dem Dach. Was für Vögel das wohl waren?«

»Vögel? Aber nein doch, Engel waren es.«

»Und die drei reichen Herren, die Geschenke brachten, entsinnst du dich noch ihrer? Wie wohlerzogen sie waren, wie leise sie zusammen sprachen, welch vornehme Leute. Könntest du dir sie heute in diesem Rummel vorstellen?«

»Und der Stern? Denkst du noch an den hellen Stern, der damals gerade über der Hütte stand? Ob es ihn wohl heute noch gibt? Sterne haben doch meist ein langes Leben.«

»Ich fürchte nein«, sagte der Ochse skeptisch, »es sieht so wenig nach Sternen hier aus.«

Sie hoben ihre Köpfe, und wirklich, man sah nichts. Über der Stadt lag eine Decke dichten Nebels.

Margret Rettich

Die Landstraßengeschichte

Daß sie Weihnachten im Auto verbringen mußten, hatte ihnen Papa eingebrockt. Er wird manchmal sehr wütend und macht dann unmögliche Sachen. Später tut es ihm leid, denn eigentlich ist er gut und friedlich.

Dieses Mal war er wütend über Oma, das ist die Mutter von Mama. Papa und Mama sind zu ihr in das Haus gezogen, damit sie nicht allein wohnt. Es war damals nach dem Tod von Opa und ist nun schon lange her. Inzwischen sagen Papa und Mama: »Die Oma wohnt bei uns.«

Aber Oma sagt immer noch: »Ihr wohnt bei mir!«

Papa kann es nicht leiden, wenn sie das sagt.

Mama lacht darüber und meint: »Laß sie reden, und ärgere dich nicht.«

Warum mußte Oma aber ausgerechnet am Weihnachtsvormittag wieder damit anfangen? Papa stand im Wohnzimmer auf der Leiter und schmückte den Baum. Er steckte gerade die Silberspitze auf, als Oma hereinkam und fragte: »Warum steht der Baum hinter der Tür?«

»Wo sollte er sonst stehen?« entgegnete Papa.

»Bei mir pflegte er links vom Fenster zu stehen«, sagte Oma.

»Und jetzt steht er hinter der Tür«, gab Papa von der Leiter herab zurück.

»Solange ihr bei mir wohnt, solltet ihr auf mich hören«, erwiderte Oma. Und dann gerieten sie in Streit. Sie sagten dies und das, und als Mama aus der Küche kam, um sich einzumischen, redeten alle durcheinander.

Papa war sehr wütend. Er riß den Schmuck wieder vom Baum und warf ihn in die Kartons zurück.

»Was tust du?« rief Mama.

»Pack die Geschenke, Süßigkeiten, Betten und Zahnbürsten ein. Wir feiern Weihnachten woanders. Irgendwo werden wir willkommen sein und unseren Baum da aufstellen dürfen, wo wir es wollen.«

Er nahm den Baum, rannte damit nach draußen und schnallte ihn auf das Autodach.

Auf dem Hof spielte Nickel mit seinem Freund.

»Was machst du?« fragte er Papa.

»Wir verreisen. Und weil wir unterwegs Weihnachten feiern werden, brauchen wir unseren Baum!« rief Papa und war schon wieder im Haus.

»Toll«, sagte Nickels Freund. Und Nickel war sehr stolz auf Papa, der manchmal so unmögliche Sachen machte.

Oma lief hinter Papa her und jammerte: »So war es doch nicht gemeint!« Aber er schob sie bloß beiseite.

Mama rief: »Ist das wirklich dein Ernst?« Aber Papa hatte schon die Betten in eine Wolldecke geschnürt und verstaute sie im Kofferraum. Da kramte Mama alle Geschenke zusammen und packte etwas Wäsche und Kleidung ein. Sie holte aus der Küche die Kuchen, und Oma brachte eine Thermosflasche mit heißem Tee.

Dann zog Mama den Maxel warm an und setzte ihn auf sein Stühlchen hinter sich ins Auto. Nickel gab Oma einen Kuß, winkte – und schon ging die Fahrt los.

Papa war immer noch wütend und fuhr sehr schnell. Er drehte das Lenkrad, daß ihre Köpfe hin und her flogen. Er bremste, daß alle nach vorn kippten. Er hupte, wenn ihm andere Autos keinen Platz machten.

Das gefiel Nickel, und der Maxel kreischte vor Vergnügen.

Aber Mama sagte: »Bitte fahr vorsichtig, oder ich steige aus.«

Da wurde Papa ruhiger.

Später fragte Mama: »Wohin fahren wir eigentlich?«

Papa antwortete: »Zu meiner Tante Luise. Du wirst sehen, daß es uns dort besser geht als bei deiner Mutter.«

Es war Mama peinlich, einfach so zu Tante Luise zu fahren. Immerhin waren sie vier Personen, es war Weihnachten, und Tante Luise hatte keine Ahnung, daß sie kamen. Jedoch mit Papa war nicht zu reden. Nach einer Stunde erreichten sie die Stadt, in der Tante Luise wohnte. Sie fuhren vor das Haus, und Papa stieg aus, um zu klingeln. Er klingelte noch mal und noch mal, aber es machte niemand auf.

Im Nebenhaus rief eine Frau aus dem Fenster: »Da ist niemand zu Hause«, und sie erzählte Papa, daß Tante Luise verreist sei, weil sie Weihnachten nicht allein sein wollte. Ja, wenn sie gewußt hätte, daß Besuch kommt, wäre sie sicher geblieben und hätte sich gefreut.

»Schon gut«, sagte Papa, »besten Dank und frohes Fest.«

Er startete wieder.

»Wohin fahren wir jetzt?« fragte Mama.

Papa entsann sich, daß er in dieser Stadt einen alten Schulfreund hatte. Papa meinte, der würde sich bestimmt freuen, wenn sie so unvermutet auftauchten, denn er sei früher ein lustiges Haus gewesen. Mama war nicht so sicher, aber sie sagte nichts.

Nickel rief: »Fein, wir fahren in ein lustiges Haus!« Und der Maxel kreischte vor Wonne.

Papas Freund war zwar zu Hause, doch besonders lustig

war er nicht. Er erinnerte sich nicht einmal an Papa und mußte eine Weile grübeln. Erst als er Nickel sah, wußte er es, denn Nickel sah genauso aus wie Papa früher.

Er bat sie in seine Wohnung, und weil es Mittag geworden war, brachte seine Frau für jeden einen Teller Kartoffelsuppe. Mama durfte im Nebenzimmer den Maxel trockenlegen, und Nickel durfte mal aufs Klo. Dann sagte Papas Freund: »Sicher habt ihr noch eine weite Fahrt vor euch. Wir wollen euch nicht aufhalten. Heute hat jeder noch viel zu tun. Es war nett, daß ihr uns mal kurz besucht habt.«

Papa traute sich nicht, etwas zu sagen. So kletterten alle wieder in das Auto und fuhren weiter. Der Freund und seine Frau standen vor ihrem Haus und winkten.

Nicht weit von hier hatte Papa einen Vetter. Der hatte eine Frau und drei Kinder und einen Bauernhof mit viel Platz. Dort waren sie früher oft gewesen, aber weil der Vetter so ähnlich wie Papa war und leicht wütend wurde, waren sie es einmal zur gleichen Zeit und hatten sich verkracht.

»Wir sollten zu deinem Vetter fahren«, sagte Mama jetzt.

Das war für Papa sehr unangenehm, aber er sah ein, daß Mama einen guten Vorschlag gemacht hatte. Vor dem Bauernhof blieb er im Auto sitzen und schickte Mama ins Haus. Nickel wollte gleich mit, aber Papa hielt ihn fest.

Als Mama wiederkam, setzte sie sich und sagte zu Papa: »Fahr nur gleich weiter.«

»Ist er mir noch böse?« fragte Papa.

»Das nicht«, erwiderte Mama, »aber er und die drei Kinder liegen im Bett und haben Ziegenpeter. Den haben Nickel und Maxel noch nicht gehabt.«

Papa war sehr schweigsam.

Mama ließ ihn von jetzt an bei jedem Gasthaus halten und

nach Zimmern fragen. Doch sie hatten kein Glück. Entweder war geschlossen, oder alle Zimmer waren belegt.

Nickel und Maxel hatten Hunger, und Mama gab ihnen Lebkuchen. Einmal hielt Papa an, und alle vertraten sich die Füße.

Als sie wieder fuhren, fragte Nickel, wann endlich Bescherung sei. Er wollte nun gern seine Geschenke haben.

»Wenn wir da sind«, sagte Mama.

»Wann sind wir da?« fragte Nickel.

Mama sagte zu Papa: »Bitte, laß uns umkehren.« Und wirklich, Papa drehte um.

Sie fuhren nun fast allein auf der Straße. Es war dunkel. Der Maxel schlief. Mama und Nickel sangen Weihnachtslieder. Dann schlief Nickel auch. Später hielten sie noch einmal an, und Mama schenkte Papa den heißen Tee ein.

»Gut, daß du daran gedacht hast«, sagte er.

»Daran hat Oma gedacht«, sagte Mama.

Als sie zu Hause ankamen, brannte nirgends mehr Licht. Mama trug den Maxel ins Bett, und Papa schleppte Nickel. Die merkten nichts.

Als am anderen Morgen noch alle schliefen, holte Papa den Baum vom Autodach, stellte ihn ins Wohnzimmer hinter die Tür und fing an, ihn zu schmücken. Als er halb fertig war, nahm er ihn und stellte ihn links vom Fenster auf. Mama kam und brachte die Geschenke. Sie trug Maxel ins Zimmer, und Nickel sprang hinter ihr her. Papa zündete die Kerzen an.

»Jetzt feiern wir endlich Weihnachten!« rief Nickel. Aber Papa sagte: »Wartet einen Augenblick.« Er holte Oma, die noch nicht zum Vorschein gekommen war. Er drückte sie an sich, gab ihr einen Kuß und rief: »Frohe Weihnachten!«

Papa ist meist der friedlichste und beste Mensch.

»Was bin ich froh, daß ihr wieder da seid!« sagte Oma. »Ich

wohne so gern bei euch. Aber«, setzte sie hinzu, »ist es nicht wirklich besser, wenn der Baum links vom Fenster steht statt hinter der Tür?«

»Oma!« rief Mama.

Aber Papa lachte.

Robert Gernhardt

Gut gesagt

Das Weihnachtsfest
Steht vor der Tür –
Genauer gesagt:
Es ist schon hier,
Genauer noch:
Es ist vorbei,
Wir schreiben ja
Den ersten Mai

Quellennachweise

Isabel Abedi, Das Glück und der Schnupfen, S. 84
Aus: Die schönsten Märchen von gestern und heute. Herausgegeben von Eva-Maria Kulka. Ellermann, Hamburg 2005. © Isabel Abedi. Abdruck mit freundlicher Genehmigung der Autorin

Dino Buzzati, Zu viel Weihnachten, S. 207
Aus: Dino Buzzati, Ochs und Esel besuchen die Erde. Übersetzung aus dem Italienischen von Elisabeth Schnack. © by nymphenburger in der F. A. Herbig Verlagsbuchhandlung GmbH. Abdruck mit freundlicher Genehmigung der Langen Müller Verlage Stuttgart

Hans Fallada, Hoppelpoppel – wo bist du?, S. 18
Aus: Hans Fallada, Weihnachtsmann – was nun? Aufbau Verlag, Berlin 2014

Cornelia Funke, Das erste Fenster, S. 13
Aus: Cornelia Funke, Hinter verzauberten Fenstern. © 1995, S. Fischer Verlag GmbH, Frankfurt am Main

Theodor Fontane, Alles still!, S. 24
Aus: Theodor Fontane, Die Gedichte. Herausgegeben von Otto Drude. Insel Verlag Frankfurt am Main und Leipzig 2000

Robert Gernhardt, Gut gesagt, S. 220
Aus: Robert Gernhardt, Gesammelte Gedichte. © 2005, S. Fischer Verlag GmbH, Frankfurt am Main

René Goscinny, Heiligabend, S. 173
Aus: René Goscinny/Jean-Jacques Sempé, Der kleine Nick ist wieder da! Übersetzung aus dem Französischen von Hans Georg Lenzen. © Copyright der deutschsprachigen Ausgabe Diogenes Verlag, Zürich 2006

Brüder Grimm, Der glückliche Vogel, S. 47
Aus: Die schönsten Weihnachtsmärchen. Illustriert von Anne Bernhardi. Esslinger, Stuttgart 2019

Erwin Grosche, Schnee, Schnee, Schnee, S. 9
Aus: Erwin Grosche, Das ist nicht so, das ist ganz anders. Akademie der Abenteuer, Berlin 2022. © Erwin Grosche. Abdruck mit freundlicher Genehmigung des Autors

Franz Hohler, Weihnachten – wie es wirklich war, S. 204
Aus: Franz Hohler, Nikolaus Heidelbach, Das große Buch. Geschichten für Kinder. © 2009 Carl Hanser Verlag GmbH & Co. KG, München. Abdruck mit freundlicher Genehmigung von Carl Hanser Verlag GmbH & Co. KG, München

Felicitas Hoppe, Der erste Schnee, S. 190
Aus: Antonie Schneider, Silke Leffler, Das große WeihnachtsWunderBuch. Mit Geschichten und Gedichten, Liedern und Rezepten, Kreativideen und vielem mehr. dtv, München 2021. © Felicitas Hoppe. Abdruck mit freundlicher Genehmigung der Autorin

Adelheid Humperdinck-Wette, Weihnachten, S. 145
Aus: Engelbert Humperdinck: Weihnachten. Leise weht's durch alle Lande. Gedicht von Adelheid Wette. Brockhaus, Lörrach 1936

Heinz Janisch, Fragen zur Weihnachtszeit, S. 108; Weihnachtsspaziergang, S. 43
Aus: Ein Stern strahlt in der dunklen Nacht. Geschichten, Lieder und Gedichte zur Weihnachtszeit. Herausgegeben von Wiebke Andersen-Oberschäfer und Regina Kehn. Carlsen Verlag, Hamburg 2019. © Heinz Janisch. Abdruck mit freundlicher Genehmigung des Autors

Janosch, Die Bärenweihnacht, S. 201
Aus: 24 Weihnachtsgeschichten zum Vorlesen. Herausgegeben von Sophie Härtling. Fischer Schatzinsel, Frankfurt am Main 2001 © Janosch / Little Tiger Verlag GmbH, Gifkendorf

Erich Kästner, Das Geschenk, S. 191
Aus: Erich Kästner, Das fliegende Klassenzimmer. © Atrium Verlag AG, Zürich 1935

Susan Kreller, Petronella, S. 25
Aus: Ein Stern strahlt in der dunklen Nacht. Geschichten, Lieder und Gedichte zur Weihnachtszeit. Herausgegeben von Wiebke Andersen-Oberschäfer und Regina Kehn. Carlsen Verlag, Hamburg 2019. © Susan Kreller. Abdruck mit freundlicher Genehmigung der Autorin

Max Kruse, Eine Christnacht in München, S. 180
Aus: Die 24 schönsten Vorlesegeschichten zur Weihnachtszeit. Thienemann Verlag, Stuttgart 2013. © Nachlass Max Kruse, Penzberg, vertreten durch: AVA international GmbH Autoren- und Verlagsagentur, München, www.ava-international.de

James Krüss, Tierweihnacht, S. 151
Aus: Ein Stern strahlt in der dunklen Nacht. Geschichten, Lieder und Gedichte zur Weihnachtszeit. Herausgegeben von Wiebke Andersen-Oberschäfer und Regina Kehn. Carlsen Verlag, Hamburg 2019. © Atrium Verlag AG, Zürich 2023 und Erbengemeinschaft James Krüss

Marjaleena Lembcke, Der Weihnachtskaktus, S. 50
Aus: Weihnachtszeit Zauberzeit. 24 Geschichten rund um Weihnachten. Verlag Carl Ueberreuter, Wien 1998. © Marjaleena Lembcke. Abdruck mit freundlicher Genehmigung der Autorin

Paul Maar, Backen, Mogeln und Rodeln, S. 35
Aus: Paul Maar, Das Sams feiert Weihnachten. © Verlag Friedrich Oetinger, Hamburg

Frida Nilsson, Frohe Weihnachten, Zwiebelchen!, S. 117
Aus: Frida Nilsson, Frohe Weihnachten, Zwiebelchen! Übersetzung aus dem Schwedischen von Friederike Buchinger. © 2015 Gerstenberg Verlag, Hildesheim

Timo Parvela, Wie nennt man den Sohn des Weihnachtsmanns?, S. 70
Aus: Timo Parvela, Ella auf Klassenfahrt. Übersetzung aus dem Finnischen von Anu und Nina Stohner. © 2009 Carl Hanser Verlag GmbH Co. KG, München. Abdruck mit freundlicher Genehmigung von Carl Hanser Verlag GmbH & Co. KG, München

Jo Pestum, Der Ritt ins Morgenland, S. 89
Aus: Weihnachten, als ich klein war. Herausgegeben von Angelika Kutsch. Verlag Friedrich Oetinger, Hamburg 1996 © Sarah Bosse und Stefan Stumpe. Abdruck mit freundlicher Genehmigung

Arne Rautenberg, wachsen, S. 100
Aus: Ein Stern strahlt in der dunklen Nacht. Geschichten, Lieder und Gedichte zur Weihnachtszeit. Herausgegeben von Wiebke Andersen-Oberschäfer und Regina Kehn. Carlsen Verlag, Hamburg 2019. © Arne Rautenberg. Abdruck mit freundlicher Genehmigung des Autors

Margret Rettich, Die Landstraßengeschichte, S. 214
Aus: Margret Rettich, Wirklich wahre Weihnachtsgeschichten. Betz Verlag, München 1976. © Ueberreuter Verlag GmbH, Berlin 2016

Jutta Richter, Die Sache mit dem Zwerghuhn, S. 28
Aus: Es kratzt ganz leis an meiner Tür. 24 Kalendergeschichten zur Weihnachtszeit. Herausgegeben von Hannelore Westhoff. dtv, München 2001. © Jutta Richter. Abdruck mit freundlicher Genehmigung der Autorin

Anna Ritter, Vom Christkind, S. 88
Aus: Denkt euch, ich habe das Christkind gesehen. arsEdition, München 2018

Antonie Schneider, Wem gehört der Schnee?, S. 81
Aus: Antonie Schneider, Wem gehört der Schnee? Mit Illustrationen von Pei-Yu Chang. © 2019 NordSüd Verlag AG, CH-8050 Zurich/Switzerland

Regina Schwarz, Wo man Geschenke verstecken kann, S. 56
Aus: Regina Schwarz, Wo man Geschenke verstecken kann. Fischer Sauerländer, Frankfurt am Main 2011. © Regina Schwarz. Abdruck mit freundlicher Genehmigung der Autorin

Andreas Steinhöfel, Schöne Bescherung, S. 57
Aus: Dirk und ich. Mit Bildern von Peter Schössow. © Carlsen Verlag GmbH, Hamburg 1991

Hermien Stellmacher, Das Weihnachtswunschgeheimnis, S. 75
Aus: Das Weihnachtswunschgeheimnis. Thienemann Verlag, Stuttgart 2004. © Hermien Stellmacher. Abdruck mit freundlicher Genehmigung der Autorin

Theodor Storm, Weihnachtslied, S. 128
Aus: Theodor Storm, Werke. Bd. 1: Gedichte, Märchen und unheimliche Geschichten. Novellen. Herausgegeben von Gottfried Honnefelder. Insel Verlag Frankfurt am Main 1975

Felix Timmermanns, Das Triptychon von den Heiligen Drei Königen. Mittelstück, S. 121
Aus: Felix Timmermanns, Der Heilige der kleinen Dinge und andere Erzählungen. Übertragen von Anton Kippenberg. © Insel Verlag Frankfurt am Main 1974

Robert Walser, Die kleine Schneelandschaft, S. 11
Aus: Robert Walser, Sämtliche Werke in Einzelausgaben. Herausgegeben von Jochen Greve. © Suhrkamp Verlag AG, Frankfurt am Main und Zürich 1968

Renate Welsh, Lisa und ihr Tannenbaum, S. 44
Aus: Renate Welsh, Lisa und ihr Tannenbaum. © 1987 Ravensburger Verlag GmbH, Ravensburg

Rudolf Otto Wiemer, Warum der Bär sich wecken ließ, S. 146
Aus: Rudolf Otto Wiemer und Józef Wilkon, Warum der Bär sich wecken ließ. © 2023, Fischer Kinder- und Jugendbuch Verlag GmbH, Frankfurt am Main, erstmals erschienen 1985 im Patmos Verlag

David Henry Wilson, Seit fünfzig Jahren hat er unrecht, S. 153
Aus: Weihnachten, als ich klein war © 1995 by David Henry Wilson. Mit freundlicher Genehmigung des Verlags Friedrich Oetinger, Hamburg

Friedrich Wolf, Die Weihnachtsgans Auguste, S. 161
Aus: Friedrich Wolf, Gesammelte Werke in sechzehn Bänden. Herausgegeben von Else Wolf und Walther Polatschek. Band 14: Märchen, Tiergeschichten und Fabeln. Aufbau-Verlag Berlin und Weimar 1961. © Aufbau Verlage GmbH & Co. KG, Berlin 1961, 2008

Jörg Zink, Die Nacht von Bethlehem, S. 101
Aus: Jörg Zink, Der Morgen weiß mehr als der Abend. Bibel für Kinder. Kreuz Verlag, Stuttgart/Berlin 1981. © Jörg Zink Erben